Erfolgreiches Preboarding und Onboarding von Auszubildenden

Alexander Steffen

Erfolgreiches Preboarding und Onboarding von Auszubildenden

Strategien und Methoden für eine nachhaltige Bindung und Integration

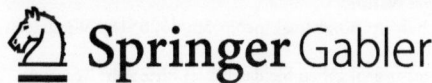

Alexander Steffen
Falkensee, Deutschland

ISBN 978-3-658-45591-0   ISBN 978-3-658-45592-7   (eBook)
https://doi.org/10.1007/978-3-658-45592-7

Die Deutsche Nationalbibliothek verzeichnet diese Publikation in der Deutschen Nationalbibliografie; detaillierte bibliografische Daten sind im Internet über https://portal.dnb.de abrufbar.

© Der/die Herausgeber bzw. der/die Autor(en), exklusiv lizenziert an Springer Fachmedien Wiesbaden GmbH, ein Teil von Springer Nature 2025

Das Werk einschließlich aller seiner Teile ist urheberrechtlich geschützt. Jede Verwertung, die nicht ausdrücklich vom Urheberrechtsgesetz zugelassen ist, bedarf der vorherigen Zustimmung des Verlags. Das gilt insbesondere für Vervielfältigungen, Bearbeitungen, Übersetzungen, Mikroverfilmungen und die Einspeicherung und Verarbeitung in elektronischen Systemen.
Die Wiedergabe von allgemein beschreibenden Bezeichnungen, Marken, Unternehmensnamen etc. in diesem Werk bedeutet nicht, dass diese frei durch jede Person benutzt werden dürfen. Die Berechtigung zur Benutzung unterliegt, auch ohne gesonderten Hinweis hierzu, den Regeln des Markenrechts. Die Rechte des/der jeweiligen Zeicheninhaber*in sind zu beachten.
Der Verlag, die Autor*innen und die Herausgeber*innen gehen davon aus, dass die Angaben und Informationen in diesem Werk zum Zeitpunkt der Veröffentlichung vollständig und korrekt sind. Weder der Verlag noch die Autor*innen oder die Herausgeber*innen übernehmen, ausdrücklich oder implizit, Gewähr für den Inhalt des Werkes, etwaige Fehler oder Äußerungen. Der Verlag bleibt im Hinblick auf geografische Zuordnungen und Gebietsbezeichnungen in veröffentlichten Karten und Institutionsadressen neutral.

Planung/Lektorat: Ann-Kristin Wiegmann
Springer Gabler ist ein Imprint der eingetragenen Gesellschaft Springer Fachmedien Wiesbaden GmbH und ist ein Teil von Springer Nature.
Die Anschrift der Gesellschaft ist: Abraham-Lincoln-Str. 46, 65189 Wiesbaden, Germany

Wenn Sie dieses Produkt entsorgen, geben Sie das Papier bitte zum Recycling.

Vorwort

Die Sicherung der eigenen Wettbewerbsfähigkeit durch qualifizierte Nachwuchskräfte ist entscheidend für eine prosperierende Wirtschaftsfähigkeit. Schon vor der Corona-Pandemie stellte die Nachwuchskräftesicherung vor dem Hintergrund des vorherrschenden Fachkräftemangels eine zentrale Herausforderung dar. Mit dem bevorstehenden Ruhestand erfahrener Arbeitskräfte der Baby-Boomer-Generation zeichnet sich weiterhin ein Verlust beruflich qualifizierter Arbeitskräfte am Arbeitsmarkt ab. Diese demografische Entwicklung wird auch die zukünftigen Herausforderungen noch verstärken. Die Covid-Pandemie hat diese Situation darüber hinaus verschärft, insbesondere in den Jahren 2020 bis 2021, als viele IHK-Ausbildungsbetriebe abrupt mit der Schließung von Berufsschulen konfrontiert wurden. Für viele Betriebe erschwerte sich die Ausgestaltung der Ausbildung massiv, da ihr Geschäft durch die Pandemie beeinträchtigt war oder sie temporär von Lockdowns oder anderen Limitierungen betroffen waren. Selbst nach Abklingen der Corona-Pandemie blieben die Herausforderungen für Unternehmen bestehen, marktfähige Rahmenbedingungen zu schaffen, die nicht nur die Wünsche nach veränderten Arbeitsmodellen berücksichtigen, sondern auch den Kompetenzen und den Erwartungen einer neuen Generation von Auszubildenden gerecht werden. Inmitten dieser Situation steht die duale Ausbildung vor der Aufgabe, ausreichend und qualifizierte Auszubildende langfristig zu gewinnen und ihnen eine optimale Grundlage für ihren beruflichen Werdegang zu bieten.

Eine effektive und praxisnahe Eingliederung ins Unternehmen stellt einen entscheidenden Wettbewerbsvorteil dar, der es ermöglicht, talentierte Nachwuchskräfte anzuziehen, früh zu fördern und dauerhaft zu halten.

In diesem Zusammenhang nimmt die Bedeutung eines zielgerichteten Preboardings und Onboardings für Auszubildende – neben einer gelungenen Ausbildung selbst – zu. Obwohl sich die Preboarding- und Onboarding-Methoden im Verlauf der Zeit ändern und das Format der Integration neuer Auszubildender unterschiedlich ausgestaltet sein kann, ist der Zweck für die Sozialisierung von neuen Talenten nach wie vor unerlässlich und das Mittel der Wahl zur Verbreitung auf die Organisationskultur sowie zur Vermittlung funktionaler Inhalte wie interner Normen oder aber Vorschriften. Beide Phasen dienen damit nicht nur dazu, einen reibungslosen Beginn in einen neuen Lebensabschnitt zu ermöglichen, sondern auch das Engagement und die Motivation zu entfalten, die Lernkurve zu potenzieren und eine langfristige Bindung zum eigenen Unternehmen und der Kultur aufzubauen. Eine methodisch durchdachte und ganzheitlich aufgebaute Einführung trägt somit als integrativer Bestandteil nachhaltig dazu bei, dass sich die Wunschkandidaten für das Unternehmen entscheiden und von Ausbildungsbeginn an das notwendige Mindset, die Fähigkeiten und Kenntnisse sowie die Ressourcen erhalten, um den Start in die eigene berufliche Karriere und die ersten Wochen erfolgreich zu bewältigen.

Dieses Buch beschäftigt sich intensiv mit den Strategien und Methoden für die zielgerichtete Integration von Auszubildenden. Ziel ist es, Sie als Ausbildungsverantwortliche dabei zu unterstützen, Ihre Auszubildenden optimal auf den Start vorzubereiten und sie erfolgreich in das Unternehmen zu integrieren. Das Buch richtet sich sowohl an Unternehmen, die bereits Auszubildende beschäftigen, als auch an solche, die beabsichtigen, Auszubildende einzustellen. Es bietet praxisorientierte und erprobte Ansätze, die unabhängig von der Branche oder der

Unternehmensgröße in das eigene Preboarding und Onboarding integriert werden können.

Ganz bewusst möchte ich hier keine starren Vorschriften setzen oder universell gültige Lösungen versprechen. Vielmehr sollen die Impulse dazu ermutigen, die praxiserprobten Strategien und Methoden an Ihre spezifischen Bedürfnisse, Unternehmenskultur und Zielgruppe zu übernehmen und anzupassen. Jedes Unternehmen hat einzigartige Herausforderungen und Chancen im Zusammenhang mit der Integration von Auszubildenden. Daher ist es hier entscheidend, flexibel zu sein und die Inhalte des Buchs als Leitfaden zu sehen, der auf Ihre individuellen Gegebenheiten angepasst und kontinuierlich weiterentwickelt werden kann.

Während ich mich auf den deutschsprachigen Markt konzentriere, sind viele der präsentierten Methoden auch auf das internationale Umfeld übertragbar. Die Herausforderungen und Ziele des Preboardings und Onboardings von Auszubildenden sind in vielen Teilen der Welt ähnlich, und die vorgestellten Methoden können als Inspiration für Unternehmen weltweit dienen.

In den folgenden Kapiteln werden wir gemeinsam in die Welt des Preboardings und Onboardings von Auszubildenden eintauchen. Ich lade Sie hiermit ein, diese Reise mit mir anzutreten und Ihre Unternehmen zu einem Ort zu machen, an dem Auszubildende nicht nur lernen, sondern auch ihr volles Potenzial entfalten wollen. Gemeinsam ebnen wir mit einem zielgerichteten Preboarding und Onboarding einen erfolgreichen Ausbildungsstart und schaffen so die Grundlage für eine erfolgreiche berufliche Zukunft unserer zukünftigen Erwerbsgeneration.

In diesem Buch wird im Sinne der sprachlichen Einfachheit und Klarheit häufig nur eine Geschlechtsform verwendet. Ich möchte jedoch ausdrücklich betonen, dass alle Geschlechter in den diskutierten Prozessen und Strategien gemeint und eingeschlossen sind. Jeder Auszubildende, unabhängig von Geschlecht und Hintergrund, ist ein wertvolles Mitglied Ihres Unternehmens und trägt zu Vielfalt und Erfolg bei. Die präsentierten Ansätze und Methoden sind universell gestaltet und sollen die Vielfalt und Gleichberechtigung am Arbeitsplatz fördern und unterstützen.

Ein besonderer Dank gilt meiner Familie, die mich während des gesamten Schreibprozesses unterstützt und mir stets den Rücken gestärkt hat. Besonders meine Frau hat mit ihrem Verständnis und ihrer Ermutigung entscheidend dazu beigetragen, dass ich dieses Projekt erfolgreich abschließen konnte. Ein weiterer besonderer Dank gilt auch meiner Großmutter, die mit ihrem scharfen Blick und ihrer konstruktiven Kritik wesentlich dazu beigetragen hat, die Texte klarer und zugänglicher zu gestalten. Ihre Unterstützung und ihr Engagement waren für mich eine besondere Inspiration – und ein wunderbarer Beweis dafür, dass es keine Frage der Generation, sondern allein der Perspektive ist, die frische und wertvolle Impulse ermöglicht. Nicht zuletzt hat meine eigene Erfahrung, eine Ausbildung geprägt von der Abwesenheit des Ausbildungsleiters durchlaufen zu haben, meinen Blick auf die Bedeutung einer strukturierten und persönlichen Betreuung geschärft. Diese Erfahrung hat mich dazu motiviert, Ausbildungsmodelle zu hinterfragen und weiterzuentwickeln, um jungen Menschen die bestmöglichen Startbedingungen zu bieten.

Alexander Steffen

Was Sie in diesem Fachbuch finden können

- Eine praxisorientierte Einführung in das Pre- und Onboarding von Auszubildenden
- Empfehlungen für eine effektive Umsetzung des Pre- und Onboarding-Prozesses
- Wertvolle Impulse zur nachhaltigen Bindung von Auszubildenden

Inhaltsverzeichnis

1	**Einordnung**	1
1.1	Preboarding	1
1.2	Onboarding	2
1.3	Candidate Experience	2
1.4	Organisationales Commitment	3
1.5	Lebenszyklus des Auszubildenden	4
1.6	Preboarding und Onboarding im historischen Kontext	5
1.7	Herausforderungen und Chancen in der Post-Corona-Ära	7
1.8	Erfolgsfaktoren	7
	1.8.1 Strategisch-prozessuale Integration	8
	1.8.2 Menschlich-individuelle Integration	9
	1.8.3 Technologische Integration	11
2	**Theoretische Betrachtung**	13
2.1	Relevanz theoretischer Modelle	13
2.2	4C-Modell	14

2.3	IWG-Modell	16
2.4	Phasenmodell des Onboardings	19
2.5	RAMP-Modell	20

3 Praktische Integration 23
- 3.1 Erfolgsmessung im Pre- und Onboarding 24
  - 3.1.1 Prozessbezogene Kennzahlen 24
  - 3.1.2 Leistungsbezogene Kennzahlen 26
  - 3.1.3 Zufriedenheits- und bindungsbezogene Kennzahlen 29
  - 3.1.4 Engagement- und lernbezogene Kennzahlen 32
  - 3.1.5 Kritische Betrachtung von Kennzahlen 33
- 3.2 Von der Theorie zur Praxis 35
- 3.3 Methoden 40
  - 3.3.1 Klärung und Information 40
    - 3.3.1.1 Azubi-Blog 40
    - 3.3.1.2 Azubi-Fibel 43
    - 3.3.1.3 Einführungsveranstaltungen 44
    - 3.3.1.4 Informationspakete 48
    - 3.3.1.5 Interaktive Module 50
    - 3.3.1.6 Online-Portale 52
    - 3.3.1.7 Podcasts 54
    - 3.3.1.8 Ted-Style-Talks 57
  - 3.3.2 Kultur und Willkommen 58
    - 3.3.2.1 Carepakete 58
    - 3.3.2.2 Lunch-Roulette und Lunch-Match 60
    - 3.3.2.3 Persönliche Nachrichten 61
    - 3.3.2.4 Trivia-Abende und Happy Hours 64
    - 3.3.2.5 Unternehmensvideos 66
    - 3.3.2.6 Virtuelle Kaffeepausen 68
    - 3.3.2.7 Welcome-Brunch und -Lunch 69
  - 3.3.3 Netzwerk und Anleitung 71
    - 3.3.3.1 Buddy- und Kumpel-System 71
    - 3.3.3.2 Interaktive Q&A-Sessions 73
    - 3.3.3.3 Jour-Fixe 74
    - 3.3.3.4 Mentor- und Paten-System 77

	3.3.3.5	Online-Einführungsgespräche	78
	3.3.3.6	Schnitzeljagd und House Rallye	79
	3.3.3.7	Walk-and-Talk	80
	3.3.3.8	Vernetzung mit dem Team	81
3.3.4	Autonomie und Verwirklichung		84
	3.3.4.1	Eigenverantwortliche Projektarbeit	84
	3.3.4.2	Innovationswettbewerbe	85
3.3.5	Meisterschaft und Entwicklung		86
	3.3.5.1	Cross-Training-Sessions	86
	3.3.5.2	Gamifizierte Orientierung	88
	3.3.5.3	Hospitation	89
	3.3.5.4	Zielsetzungs- und Review-Meetings	90
3.3.6	Zweck und Orientierung		92
	3.3.6.1	CSR-Projektbeteiligungen	92
	3.3.6.2	Engagement in der Unternehmenskommunikation	94
3.3.7	Feedback und Bewertung		95
	3.3.7.1	Entwicklungsorientierte Feedback-Gespräche	95
	3.3.7.2	Peer-Feedback-Gespräche	99
	3.3.7.3	Peer-Review-Systeme	100
	3.3.7.4	Umfragen zur Boarding-Erfahrung	102
3.4 Umsetzung			104
3.4.1	Übersicht und Zuordnung		105
3.4.2	Checkliste für das Preboarding		110
3.4.3	Checkliste für das Onboarding		111

4 Abschluss   115

Über den Autor

Alexander Steffen ist als Head of Professional Education & HR Partner Digitalisation tätig und verantwortet die umfassende Entwicklung und Implementierung von Nachwuchs- und Ausbildungsprogrammen. Mit einem Hintergrund in Wirtschaftsinformatik (B.Sc.) und über einem Jahrzehnt Erfahrung in Ausbildungspositionen bringt er ein tiefes Verständnis für die Schnittstellen zwischen Technologie, Ausbildung und HR-Management ein. Alexander Steffen engagiert sich zudem als ehrenamtlicher Prüfer bei der IHK Berlin für Ausbildungsberufe und trägt durch seine Arbeit in der Ausbildereignungsprüfung zur Stärkung der Kompetenzen von Praxisausbildern bei. Seine nationalen und internationalen Beiträge auf Fachkonferenzen und -tagungen zeugen von seiner aktiven Beteiligung an der Diskussion um zeitgemäße Ausbildungsstrategien und die Anpassung an die aktuellen Herausforderungen.

Kontakt: hello@asteffen.de | www.asteffen.de

1
Einordnung

Zusammenfassung In diesem Kapitel erfahren Sie, was unter den Begriffen „Preboarding" und „Onboarding" zu verstehen ist und welchen Einfluss beide Phasen auf die Integration von Auszubildenden in Ihr Unternehmen haben. Sie werden in die Welt des Preboardings und des Onboardings eingeführt. Darüber hinaus beleuchtet das Kapitel die Herausforderungen und Chancen, die sich aus einer Post-Corona-Ära für die Gestaltung effektiver Pre- und Onboarding-Strategien ergeben.

1.1 Preboarding

> Preboarding umfasst den Zeitraum zwischen der Annahme eines Stellenangebots durch den zukünftigen Auszubildenden und dem eigentlichen Ausbildungsbeginn.

Der Begriff Preboarding setzt sich aus den englischen Wortbestandteilen „Pre", welches für „vor" steht, und „boarding", das mit „an Bord nehmen" übersetzt werden kann, zusammen. In unserem Kontext bezieht sich Preboarding auf die Phase zwischen der Annahme des Ausbildungsplatzes – also der Unterschrift auf den Ausbildungsverträgen – und dem ersten Ausbildungstag. Ziel dieser Phase ist es, dass Sie Ihren Auszubildenden wichtige Informationen zur Verfügung stellen und eine positive Erwartungshaltung schaffen, bevor er Ihr Unternehmen betritt. Im Kontext der Bindung qualifizierter Kandidaten können und sollten Sie bereits vor dem eigentlichen Preboarding-Prozess beginnen. Dieser frühe Bindungsprozess, der oft als „Pre-Preboarding" bezeichnet wird, ermöglicht es Ihnen, eine positive Beziehung zu potenziellen Auszubildenden aufzubauen und ein starkes Employer Branding zu etablieren, indem Sie durch gezielte persönliche Kommunikation, aktives Social Media Engagement und den Vorabzugang zu Ressourcen eine inklusive und wertschätzende Unternehmenskultur vermitteln.

1.2 Onboarding

> Onboarding bezeichnet den Prozess, der unmittelbar mit dem Ausbildungsstart beginnt und sich über einen definierten Zeitraum erstreckt.

Onboarding, abgeleitet von „on board", was „an Bord" bedeutet, bezieht sich auf den Prozess der Integration des Auszubildenden in das Unternehmen, der mit dem ersten Ausbildungstag beginnt und sich über mehrere Monate erstrecken kann. Während des Onboardings wird der Auszubildende mit den notwendigen Ressourcen, Wissen und Fähigkeiten ausgestattet, um erfolgreich in seinem neuen Lebensabschnitt und sicher in Ihrem Unternehmen agieren zu können.

1.3 Candidate Experience

> Candidate Experience bezieht sich auf die Gesamtheit der Wahrnehmungen und Empfindungen, die ein Bewerber beziehungsweise potenzieller Bewerber während des gesamten Bewerbungsprozesses mit einem Unternehmen sammelt.

Der Begriff Candidate Experience setzt sich aus den englischen Wörtern „Candidate", was „Bewerber" bedeutet, und „Experience", das für „Erfahrung" steht, zusammen. Diese Bezeichnung umfasst alle Interaktionen und Berührungspunkte zwischen einem potenziellen Auszubildenden und dem Unternehmen, beginnend mit der ersten Recherche zu möglichen Ausbildungsstellen, der Informationsbeschaffung über das Bewerbungsverfahren bis hin zum Onboarding. Die Candidate Experience spielt eine entscheidende Rolle im Employer Branding und beeinflusst maßgeblich die Entscheidung des potenziellen Auszubildenden für oder gegen Ihr Unternehmen. Ein positiv gestalteter Bewerbungsprozess, der transparente Kommunikation, Wertschätzung und eine transparente Gestaltung der Auswahlverfahren beinhaltet, kann zu einer höheren Akzeptanzrate von Ausbildungsangeboten führen und die Grundlage für ein langfristiges Engagement legen.

1.4 Organisationales Commitment

> Organisationales Commitment beschreibt das Ausmaß der Verbundenheit und Identifikation eines Auszubildenden mit dem Unternehmen, für das er tätig ist.

Organisationales Commitment, zusammengesetzt aus den Begriffen „organisational", was sich auf die Organisation oder das Unternehmen bezieht, und „Commitment", das die Verpflichtung, Bindung oder das Engagement beschreibt, ist ein zentraler Indikator für die Loyalität und die Bereitschaft Ihrer Auszubildenden, sich für die Ziele und Werte des Unternehmens einzusetzen. Dieses Commitment geht über die reine Pflichterfüllung hinaus und umfasst die freiwillige und überzeugte Teilnahme an und Unterstützung von Unternehmensaktivitäten. Ein hohes Maß an organisationalem Commitment führt nicht nur zu reduzierten (Früh-)Fluktuationsraten und geringerem Fehlverhalten am Ausbildungsplatz, sondern auch zu gesteigerter Produktivität und Zufriedenheit der Auszubildenden. Sie können organisationales Commitment fördern, indem Sie eine positive Arbeitsumgebung schaffen, die individuelle Entwicklung unterstützen und die Bedeutung jedes Auszubildenden hervorheben.

1.5 Lebenszyklus des Auszubildenden

Die Phasen des Pre- und Onboardings sind beide gleichermaßen wichtig für den erfolgreichen Einstieg von Auszubildenden in Ihr Unternehmen. Beide Phasen tragen nicht nur zur Vermittlung von essenziellem Wissen bei, sondern sind auch Grundlage für die Kulturintegration und die Schaffung einer tiefgreifenden Identifikation mit Ihrem Unternehmen. Während das Preboarding eine erste Verbindung und das Kennenlernen der Unternehmenswerte und -kultur ermöglicht, baut das Onboarding auf dieser Basis auf, indem es den Auszubildenden mit den notwendigen Ressourcen, Kenntnissen und Kompetenzen ausstattet, die für eine erfolgreiche Laufbahn in Ihrem Unternehmen erforderlich sind.

> Setzen Sie gezielt auf umfassende Preboarding- und Onboarding-Programme! Damit können Sie die Einarbeitungszeit Ihrer Auszubildenden signifikant reduzieren und deren Produktivität von Beginn an steigern. Gleichzeitig fördern Sie die Mitarbeiterbindung und etablieren eine tiefe Loyalität zu Ihrem Unternehmen.

Der Ausbildungsprozess im Unternehmen lässt sich anhand des dargestellten Modells (siehe Abb. 1.1) in verschiedene Phasen einteilen, die einen systematischen Ablauf erkennen lassen. Zu Beginn weckt die Phase des **Interesses** die Aufmerksamkeit potenzieller Kandidaten für das Unternehmen und seine Ausbildungsangebote. Es folgt die **Bewerbungsphase**, in der sich die Kandidaten um einen Ausbildungsplatz bemühen und schließlich ausgewählt werden.

Haben Sie Ihren Auszubildenden ausgewählt, tritt dieser nach Vertragsunterzeichnung in das Preboarding ein, welches Teil der **Integrationsphase** ist. Hier werden Sie erste grundlegende Informationen vermitteln und den Grundstein für einen guten Start setzen.

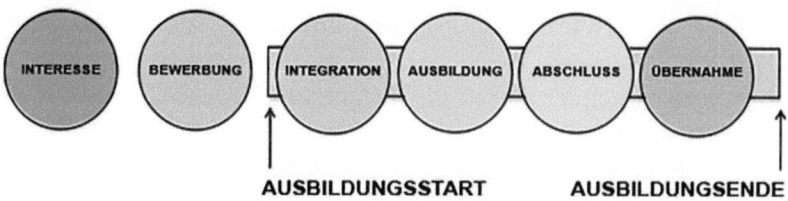

Abb. 1.1 Phasen des Auszubildenden-Lebenszyklus

Mit dem ersten offiziellen Ausbildungstag beginnt dann das Onboarding, das ebenfalls der **Integrationsphase** zuzuordnen ist. Hier führen Sie Ihren Auszubildenden aktiv in Ihr Unternehmen ein, geben tiefer gehende Einblicke und statten den Auszubildenden mit den notwendigen Werkzeugen und Informationen aus, damit er sich schnell zurechtfinden und effektiv arbeiten kann. Diese Phase dient dazu, den Auszubildenden zu integrieren und seine Zugehörigkeit zum Unternehmen zu festigen.

Anschließend, in der eigentlichen **Ausbildungsphase**, erlernt Ihr Auszubildender die fachlichen Kenntnisse und Fertigkeiten, die für seine spätere berufliche Handlungsfähigkeit erforderlich sind. Nach dem erfolgreichen **Abschluss** der Ausbildung besteht die Möglichkeit der Übernahme, bei der Ihr Auszubildende sein erworbenes Wissen und seine Fähigkeiten vollständig in das Unternehmen einbringen kann.

1.6 Preboarding und Onboarding im historischen Kontext

Die Konzepte des Preboardings und Onboardings, obwohl sie meist modern im Unternehmenskontext assoziiert sind, haben historische Analogien in früheren Zeiten, wo neue Mitglieder in eine Gemeinschaft oder Gruppe aufgenommen wurden. In früheren Gesellschaften wurde ebenfalls großer Wert auf Initiationsriten gelegt, die Analogien zu den heutigen Preboarding- und Onboarding-Prozessen hatten. Diese Riten dienten ebenfalls dazu, Neulinge auf ihre zukünftigen Aufgaben in der Gesellschaft vorzubereiten, sie mit den Normen und Werten der

Gemeinschaft vertraut zu machen und ihre Loyalität und Bindung zu stärken.

Mit fortschreitender Zeit ist die Integration differenzierter und strategischer geworden.

Diese Methoden spiegeln die historische Bedeutung von Übergangsphasen wider, die in verschiedenen Kulturen und Epochen dazu dienten, Identitäten innerhalb einer Gruppe zu festigen und den Zusammenhalt zu stärken. Sie zeigen, wie entscheidend es für Organisationen ist, den Übergang von Neulingen zu gestalten, um deren Loyalität, Engagement und langfristige Bindung zu fördern.

> **Beispiel**
>
> In den frühesten Zivilisationen, wie beispielsweise bei den alten Griechen und Römern, war es üblich, dass neue Mitglieder der Gesellschaft oder Gruppen durch Initiationsrituale eingeführt wurden. Diese Rituale sollten den Neulingen helfen, die Kultur, die Werte und die Erwartungen der Gruppe zu verstehen und sie gleichzeitig in die Gemeinschaft einzubinden.
>
> Ein konkretes Beispiel dafür ist das Konzept der **„Agoge"** im antiken Sparta, ein strenges Ausbildungs- und Erziehungsprogramm, das junge spartanische Bürger von Kindheit an durchliefen, um vollwertige Mitglieder der Gesellschaft zu werden. Dieses Programm war nicht nur körperliches Training, sondern auch eine kulturelle und soziale Vorbereitung auf die Erwachsenenrollen, die sie später in der spartanischen Gesellschaft einnehmen sollten. Die Agoge hatte zum Ziel, Loyalität, Disziplin und die Einheit der Gruppe zu stärken und den jungen Spartiaten die sozialen Normen und Werte zu vermitteln, die für das Leben in ihrer Gesellschaft unerlässlich waren.
>
> Die Prinzipien dieses Systems ähneln in gewisser Weise den modernen Preboarding- und Onboarding-Prozessen, bei denen neue Auszubildende schrittweise auf ihre Rollen in einem Unternehmen vorbereitet werden, bevor sie tatsächlich „an Bord" sind. Diese Praktiken reflektieren den grundlegenden menschlichen Bedarf an Orientierung und Zugehörigkeit, wenn sie in neue Lebensphasen eintreten.

1.7 Herausforderungen und Chancen in der Post-Corona-Ära

Die Anpassung an die neuen Arbeitsrealitäten nach der Covid-19-Pandemie stellt Unternehmen vor die Aufgabe, bestehende Pre- und Onboarding-Strategien neu zu bewerten und anzupassen oder andere Strategien einzuführen. Die rasche Umstellung auf digitale Tools und Plattformen, die während der Pandemie erforderlich wurde, brachte Herausforderungen, insbesondere für diejenigen, die sich mit der Technologie weniger vertraut fühlten. Hinzu kam die Schwierigkeit der sozialen Integration und des Networkings in einer Zeit der Distanzierung, die die Bedeutung persönlicher Interaktionen im Onboarding-Prozess bestärkte. Gleichzeitig bot die durch die Pandemie getriebene Digitalisierung in den Unternehmen viele neue Gelegenheiten. Plattformen und Methoden entstanden, ermöglichen eine effiziente sowie zugängliche Gestaltung des Onboarding-Prozesses und eröffnen die Möglichkeit zur Entwicklung individueller Lernpfade für die neuen Auszubildenden, die den unterschiedlichen Bedürfnissen und Fähigkeiten der Nachwuchskräfte gerecht werden.

> Mit einer Neuorientierung der Pre- und Onboarding-Prozesses haben Sie die Chance, eine solide Grundlage für eine erfolgreiche Integration und langfristige Bindung Ihrer Auszubildenden zu schaffen. Die Balance zwischen der Bewältigung der neuen Umstellungsanforderungen und der Nutzung der sich bietenden Gelegenheiten ist entscheidend, um sowohl die interne Effektivität als auch die externe Attraktivität Ihres Ausbildungsangebots in der neuen Arbeitswelt zu gewährleisten und so Ihre Wettbewerbsposition im Kampf um talentierte Nachwuchskräfte zu stärken.

1.8 Erfolgsfaktoren

Die erfolgreiche Implementierung von Pre- und Onboarding-Prozessen erfordert eine mehrdimensionale Betrachtungsweise (siehe Abb. 1.2). Dies beinhaltet die strategisch-prozessuale, menschlich-individuelle und

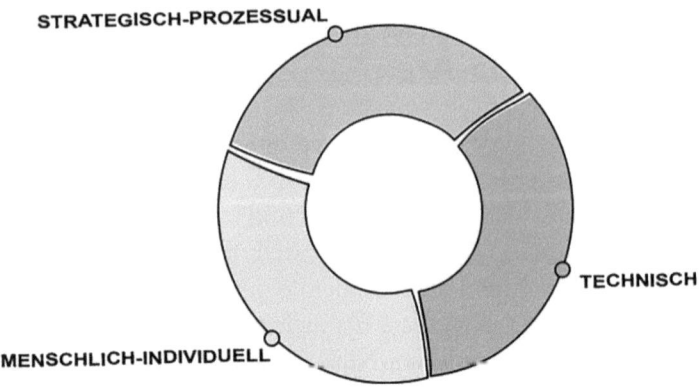

Abb. 1.2 Erfolgsfaktoren Pre- und Onboarding

technologische Integration dieser Prozesse. Die verschiedenen Ebenen ermöglichen eine ganzheitliche Optimierung der Erfolgsfaktoren, die für eine gelungene Einführung und Begleitung von Auszubildenden im Unternehmen entscheidend sind. Trotz aller Planung und Strukturierung dürfen Ihre individuellen Bedürfnisse, Emotionen und Erwartungen an die neuen Talente nicht außer Acht gelassen werden.

1.8.1 Strategisch-prozessuale Integration

> Die strategisch-prozessuale Perspektive auf Pre- und Onboarding-Verfahren betont die Notwendigkeit einer kohärenten Integration in die übergeordneten Unternehmensziele und verfolgt die kontinuierliche Verbesserung der Prozesse.

Die Ausrichtung an Unternehmenszielen und die kontinuierliche Verbesserung stellen die Kernelemente einer strategisch-prozessualen Herangehensweise von Pre- und Onboarding-Prozessen dar. Die Struktur und Inhalte der Pre- und Onboarding-Prozesse werden bei dieser Betrachtungsweise in enger Abstimmung mit den übergeordneten Unternehmenszielen konzipiert, um eine konsistente und zielführende Einführung und Begleitung der Auszubildenden durch ihre ersten Phasen im Unternehmen zu gewährleisten. Achten Sie auf eine enge Abstimmung zwischen den Personalabteilungen, Ausbildern und der Geschäftsführung. Etablieren Sie eine klare Kommunikationsstrategie, die es allen Beteiligten ermöglicht, ihre Erwartungen und Ziele an die Integration der neuen Auszubildenden effektiv festzuhalten. Ein konzertiertes Vorgehen fördert zudem nicht nur ein einheitliches Verständnis für die Relevanz und die Ziele, sondern schafft auch eine gemeinsame Basis für die Umsetzung und Evaluation der Integrationsphase im Lebenszyklus der Auszubildenden. Achten Sie darauf, dass die Dynamik des Geschäftsumfelds und die sich ändernden Bedürfnisse fortlaufend überprüft und Anpassungen der geplanten Pre- und Onboarding-Prozesse – mindestens jährlich – vorgenommen werden. Es empfiehlt sich, einen systematischen Ansatz zu wählen, der Sie bei der Erfassung, der Analyse und dem Umsetzen von Feedback der Auszubildenden, Ausbildern und anderen relevanten Stakeholdern unterstützt. Die gewonnenen Erkenntnisse können genutzt werden, um die etablierten Prozesse und Methoden in Ihrer Integrationsplanung regelmäßig zu optimieren und an die aktuellen Gegebenheiten anzupassen. Schaffen Sie eine Kultur der kontinuierlichen Verbesserung, fördern Sie zudem die Bereitschaft aller Beteiligten, sich aktiv in die Weiterentwicklung Ihrer Pre- und Onboarding-Prozesse einzubringen. Ein iterativer Verbesserungsprozess trägt zudem maßgeblich zur Steigerung der Effektivität und der Zufriedenheit aller Beteiligten bei und unterstützt das Unternehmen darin, eine nachhaltige und erfolgreiche Integration der Auszubildenden zu gewährleisten. Die strategisch-prozessuale Ebene verdeutlicht somit die Notwendigkeit, Pre- und Onboarding-Prozesse auch als integralen Bestandteil der Unternehmensstrategie zu betrachten und fortlaufend zu optimieren, um den langfristigen Erfolg der Maßnahme zu sichern.

1.8.2 Menschlich-individuelle Integration

Die menschlich-individuelle Dimension innerhalb der Pre- und Onboarding-Prozesse akzentuiert die essenzielle Rolle der zwischenmenschlichen Beziehungen und individuellen Unterstützung in den Anfangsphasen der Integration von Auszubildenden in ein Unternehmen.

Die Einführung und Begleitung von Auszubildenden während ihrer ersten Phasen im Unternehmen berühren zentral die menschlich-individuelle Ebene der Auszubildenden. Bei dieser geht es darum, eine positive und unterstützende Beziehung zwischen den Auszubildenden, ihren Ausbildern und Ausbildungsverantwortlichen, Kollegen und dem Unternehmen als Ganzes zu fördern. Die menschliche Dimension der Pre- und Onboarding-Prozesse hat einen signifikanten Einfluss auf das Engagement, die Zufriedenheit und letztlich auch auf die Bindung Ihrer Auszubildenden an das Unternehmen. Eine respektvolle, wertschätzende und inklusive Unternehmenskultur sowie eine Kommunikation auf Augenhöhe bilden hierfür die Grundlage. Sie trägt dazu bei, dass sich die Auszubildenden willkommen, geschätzt und als Teil des Ganzen fühlen.

Die individuelle Begleitung und Unterstützung von Auszubildenden durch kompetente und empathische Ausbilder und Ausbildungsverantwortliche vor und während der ersten Phase im Unternehmen ist in diesem Kontext ebenso wichtig wie eine offene Kommunikationskultur, die Raum für Fragen, Feedback und persönlichen Austausch bietet. Unterstützten Sie Ihre Auszubildenden darin, sich aktiv in die Gemeinschaft einzubringen und ihre individuellen Potenziale zu entfalten. Betrachten Sie in diesem Kontext auch die unterschiedlichen Lernbedürfnisse und -stile der Auszubildenden und ermöglichen Sie flexible und individuelle Lernpfade. Indem Sie maßgeschneiderte und eine auf den Menschen zentrierte Unterstützung und flexible Wege anbieten, steigern Sie nicht nur den Integrationserfolg, sondern auch eine positive Einstellung zum Unternehmen sowie eine eigenverantwortliche Arbeitsweise.

Eine weitere wichtige Komponente auf der menschlich-individuellen Ebene ist die Förderung von sozialen Beziehungen und Netzwerken innerhalb des Unternehmens. Integrieren Sie gemeinsame Erlebnisse wie Aktivitäten, Teambuilding-Events oder Buddy- bzw. Mentoring-Programme. Diese können wertvolle Beiträge leisten. Sie unterstützen bei der sozialen Integration der Auszubildenden und fördern den Aufbau von Vertrauen und Zusammenhalt im Team.

1.8.3 Technologische Integration

> Die technologische Ebene der Pre- und Onboarding-Prozesse bezeichnet den Einsatz digitaler Werkzeuge und Plattformen zur Unterstützung und Verbesserung der Integration und Ausbildung neuer Auszubildender.

In der Ära der Digitalisierung ist die Bedeutung von Technologie für Pre- und Onboarding-Prozesse, besonders in einer dynamisch fortschreitenden digitalen Arbeitsumgebung, unübersehbar. Auf der technologischen Ebene geht es primär um die effiziente Nutzung digitaler Werkzeuge und Plattformen, um die Integrations- und Ausbildungsprozesse zu unterstützen und zu verbessern. Eine moderne und gut durchdachte technologische Integration kann den Informationsfluss zwischen den Auszubildenden, Ausbildern und Ausbildungsverantwortlichen optimieren, den Zugang zu Lernressourcen sowie Informationen erleichtern und die Zusammenarbeit sowie die Entwicklung fördern.

Eines der zentralen Elemente auf der technologischen Ebene ist die Implementierung von digitalen Lernplattformen und -ressourcen. Diese Plattformen können sowohl im Pre- als auch im Onboarding-Prozess integriert werden, um den Auszubildenden einen strukturierten und flexiblen Zugang zu relevanten Materialien und Inhalten zu ermöglichen. Darüber hinaus können auch digitale Werkzeuge wie beispielsweise Apps oder Online-Portale implementiert werden, um wichtige Informationen zu teilen, den Auszubildenden die Möglichkeit zur Selbstorganisation zu geben und eine transparente Kommunikation zwischen allen Beteiligten zu fördern.

Die Nutzung von Technologien zur Verbesserung der Kommunikation und Zusammenarbeit ist ebenfalls ein Erfolgsfaktor. Tools für Videokonferenzen, gemeinsame Dokumentenbearbeitung und soziale Netzwerke fördern die Interaktion und den Austausch zwischen Auszubildenden, Ausbildern und Teams und können auch in der Ausbildungsphase selbst genutzt werden. Weiterhin helfen sie, die Teilnahme an virtuellen Treffen und Schulungen zu erleichtern, und geben den Auszubildenden die Möglichkeit, zeit- und ortsunabhängig an Projekten und Aktivitäten teilzunehmen.

Ferner haben Sie die Möglichkeit, durch die Sammlung und Analyse von Daten wichtige Rückschlüsse über die Wirksamkeit Ihrer Strategien und Maßnahmen zu ziehen. Sie können so zum Beispiel herausfinden, welche Elemente gut funktionieren, wo Verbesserungspotenziale liegen und wie die Zufriedenheit und das Engagement Ihrer Auszubildenden verbessert werden können.

2

Theoretische Betrachtung

Zusammenfassung In diesem Kapitel erhalten Sie einen detaillierten Überblick über wichtige Konzepte und Theorien, die die Basis für die Gestaltung und Implementierung von Integrationsstrategien in Unternehmen bilden. Sie werden verstehen lernen, wie diese Modelle in der Praxis angewandt werden können, um die Einarbeitung und Integration von Auszubildenden nicht nur zu erleichtern, sondern auch deren Engagement und Zufriedenheit methodisch zu steigern.

2.1 Relevanz theoretischer Modelle

Im Bereich des Pre- und Onboardings von Auszubildenden ist die gekonnte Verzahnung von praxisorientierten Methoden und theoretischen Modellen ein sinnvoller Ansatz, um eine effektive Integration und Entwicklung der Auszubildenden zu ermöglichen. Theoretische Modelle fungieren als strukturierte und fundierte Grundlage, die es ermöglicht, die vielschichtigen Prozesse und Dynamiken des Pre- und Onboardings besser zu erfassen und zu gestalten. Sie erleichtern die systematische Erfassung der unterschiedlichen Aspekte und Anforderungen dieser Phasen und unterstützen Sie bei der Entwicklung zielgerichteter Strategien zur Optimierung der Onboarding-Erfahrung Ihrer Auszubildenden. Die echte Nutzung dieser Modelle im Pre- und Onboarding bietet somit einen systemischen Ansatz, der es ermöglicht, die individuellen und organisatorischen Ziele effizient zu erreichen. Darüber hinaus ermöglichen theoretische Modelle eine kontinuierliche Verbesserung der etablierten Strukturen. Sie schaffen das Fundament für eine klare Struktur und Messbarkeit.

In diesem Abschnitt stelle ich Ihnen zentrale theoretische Modelle vor, die sich in der Praxis bewährt haben. Die Modelle betrachten verschiedene Ebenen der Integration und Entwicklung von Auszubildenden und bieten diverse Perspektiven, die für eine ganzheitliche Betrachtung und Umsetzung unerlässlich sind. Neben dem theoretischen Rahmen können durch die Modellierung auch praktische und neue Anhaltspunkte abgeleitet werden, was eine bessere Ausgestaltung von Maßnahmen im Pre- und Onboarding zulässt.

2.2 4C-Modell

Das 4C-Modell steht für eine Methodik, die drei zentrale Aspekte des Pre- und Onboardings hervorhebt: **Compliance (Regelkonformität)**, **Clarification (Klärung)**, **Culture (Kultur)** und **Connection (Verbindung)**.

Compliance (Regelkonformität)
Compliance bildet die Grundlage des Pre- und Onboarding-Prozesses und fokussiert sich auf die Einhaltung rechtlicher und organisatorischer Standards. In dieser Phase geht es darum, neue Mitarbeitende oder Auszubildende mit den grundlegenden Anforderungen ihres Arbeitsverhältnisses vertraut zu machen. Dazu gehören das Bereitstellen und Erklären von Arbeitsverträgen, Datenschutz- und Sicherheitsrichtlinien sowie Unternehmensrichtlinien.

Clarification (Klärung)
In dieser Phase geht es darum, den Auszubildenden klare Informationen über ihre Aufgaben, Verantwortlichkeiten und Erwartungen zu vermitteln. Sie sollten ein klares Verständnis dafür bekommen, was von ihnen

erwartet wird und welche Ziele sie (in der Integrationsphase und später in der Ausbildungsphase) erreichen sollen. Es ist auch die Zeit, in der Sie den Auszubildenden die notwendigen Ressourcen und Werkzeuge zur Verfügung stellen sollten, um einen reibungslosen Start zu ermöglichen.

Culture (Kultur)
Hier steht die Vermittlung der Unternehmenskultur im Vordergrund. Die Auszubildenden sollten die Werte, Normen und Verhaltensrichtlinien des Unternehmens kennenlernen und verstehen, wie diese die tägliche Arbeit und die Interaktionen am Arbeitsplatz prägen. Durch die Vermittlung der Unternehmenskultur wird die Identifikation angeregt und ein Gefühl der Zugehörigkeit gefördert. Die Auszubildenden können besser verstehen, wie und was sie zur Erreichung der Unternehmensziele beitragen können.

Connection (Verbindung)
Die Herstellung von Verbindungen sowohl zwischen den Auszubildenden selbst als auch zwischen den Auszubildenden und den anderen Mitarbeitern des Unternehmens ist immens wichtig. Netzwerkmöglichkeiten und soziale Interaktionen sollten stets gefördert werden, um eine positive Arbeitsumgebung sowie Handlungsfähigkeit zu schaffen und die Auszubildenden in die Gemeinschaft zu integrieren. Auch die Verbindung zu Mentoren oder Buddys ist in dieser Phase wichtig, um die Auszubildenden in ihrer Entwicklung zu unterstützen.

Das 4C-Modell bietet einen ganzheitlichen Ansatz, um sicherzustellen, dass die Auszubildenden nicht nur die notwendigen Informationen und Ressourcen erhalten, sondern auch in die Unternehmenskultur integriert werden und positive Beziehungen am Arbeitsplatz aufbauen können.

Beispiel

Ein konkretes Beispiel für die Anwendung des 4C-Modells im Pre- und Onboarding von Auszubildenden könnte ein mittelständisches Softwareentwicklungsunternehmen sein, das seinen neuen Auszubildenden eine strukturierte und umfassende Einarbeitung bieten möchte.
   Clarification: Zu Beginn ihres Preboardings erhalten die Auszubildenden Zugang zu einem digitalen Willkommenspaket über eine Online-Plattform. Dieses Paket enthält detaillierte Informationen zu ihren zukünftigen Rollen und Verantwortlichkeiten, einen Überblick über die Ausbildungsziele sowie Anleitungen zu den ersten Schritten im Unternehmen. Zusätzlich werden virtuelle Rundgänge durch das Unternehmen angeboten, um

den Auszubildenden einen ersten Eindruck von ihrem neuen Arbeitsumfeld zu vermitteln

Culture: Während der ersten Einführungswoche im Unternehmen nehmen die Auszubildenden an verschiedenen Workshops und interaktiven Sessions teil, in denen die Unternehmenskultur, Werte und Arbeitsweisen vorgestellt werden. Durch Rollenspiele und Diskussionsrunden mit erfahrenen Mitarbeitern lernen sie, wie die Unternehmenskultur im täglichen Miteinander gelebt wird und wie sie selbst dazu beitragen können

Connection: Um die soziale Integration zu fördern, werden die Auszubildenden einem Buddy-Programm zugeordnet, bei dem sie von älteren Auszubildenden oder erfahrenen Mitarbeitern betreut werden. Gemeinsame Teamaktivitäten, wie z. B. ein gemeinsames Mittagessen oder Teambuilding-Events, fördern zudem den Aufbau von Beziehungen und Netzwerken innerhalb des Unternehmens. Darüber hinaus werden regelmäßige Feedbackgespräche und Treffen mit den Vorgesetzten organisiert, um eine kontinuierliche Unterstützung und Begleitung zu gewährleisten

2.3 IWG-Modell

Das IWG-Modell (Inform – Welcome – Guide) ist ein methodischer Ansatz zur Strukturierung und Durchführung von Onboarding-Prozessen in Organisationen und wurde von Klein und Heuser im Jahr 2008 entwickelt. Im Modell stehen die Phasen **„Inform" (Informieren)**, **„Welcome" (Willkommen heißen)** und **„Guide" (Anleiten)** im Vordergrund, die eine Struktur für den Integrationsprozess neuer Auszubildender bieten. Die Aufteilung hilft dabei, die verschiedenen Aspekte des Onboardings zu organisieren. Durch die methodische Struktur des IWG-Modells können Unternehmen einen koordinierten und unterstützenden Rahmen schaffen.

Inform (Informieren)
Der Zweck des „Inform"-Teils liegt vor allem in der Preboarding-Phase, in der es darum geht, den Auszubildenden vor ihrem ersten Tag wichtige Informationen zu vermitteln. Dies stellt eine frühe Eingliederung und Verständnis der Unternehmenskultur, der sozialen Dynamik und der beruflichen Erwartungen sicher. Methodisch kann dies durch Bereitstellung von Online-Trainings oder Ressourcen erreicht werden.

Beispielsweise könnte ein Online-Portal eingerichtet werden, auf dem die Auszubildenden Zugang zu einer Einführungsmappe, einem Unternehmensleitfaden und vielleicht einem Quiz haben, um ihr Verständnis über das Unternehmen zu testen. Auch virtuelle Treffen mit zukünftigen Kollegen und Betreuern können organisiert werden, um den Auszubildenden die Möglichkeit zu geben, Fragen zu stellen und ein Gefühl für die Arbeitsumgebung zu bekommen.

Welcome (Willkommen heißen)
Im „Welcome"-Teil, der sich auf die Onboarding-Phase bezieht, geht es darum, ein einladendes und unterstützendes Umfeld zu schaffen. Diese Phase soll den Übergang erleichtern und ein Gefühl der Zugehörigkeit und Motivation schaffen. Methodisch werden durch Veranstaltungen wie eine Auftaktveranstaltung, Teamevents und Vorstellungsrunden eine Gemeinschaftsförderung und durch Abteilungsvorstellungen ein beruflicher Kontext geschaffen. Ein Beispiel könnte ein organisiertes Teamevent sein, bei dem Auszubildende an Teambuilding-Aktivitäten teilnehmen und die Möglichkeit haben, ihre Kollegen und Vorgesetzten in einer entspannten Umgebung besser kennenzulernen. Auch ein strukturiertes Programm, bei dem die Auszubildenden ihre Abteilungen und Projekte vorstellen, können hilfreich sein, um berufliche Erwartungen klar zu kommunizieren.

> Binden Sie hier unbedingt Auszubildende aus höheren Jahrgängen ein.

Guide (Anleiten)
Der „Guide"-Teil erstreckt sich ebenfalls auf die Onboarding-Phase und zielt darauf ab, die Entwicklung und das Wachstum der Auszubildenden über den Beginn hinaus zu unterstützen. Methodisch wird dies durch Buddy-Programme, Einführungspläne und regelmäßiges Feedback erreicht. Im Gegensatz zum Buddy-Programm könnte ein Beispiel ein Mentoring-Programm sein, bei dem erfahrene Mitarbeiter den Auszubildenden als Mentoren zur Seite stehen, um ihnen bei ihrer täglichen

Arbeit zu helfen und ihnen fachlich Feedback zu geben. Auch ein Plan mit klaren Meilensteinen und Checklisten kann implementiert werden, um den Auszubildenden die notwendige Struktur zu ermöglichen und ihre Fortschritte im Laufe der Einführung zu verfolgen.

> **Beispiel**
>
> Ein Beispiel für die Anwendung des IWG-Modells könnte ein internationales Logistikunternehmen sein, das eine umfassende Onboarding-Strategie für seine neuen Auszubildenden implementieren möchte, um deren Integration und Entwicklung vom ersten Tag an zu unterstützen.
>
> **Inform:** Noch bevor die Auszubildenden ihren ersten Arbeitstag antreten, erhalten sie Zugang zu einem Online-Portal, das speziell für das Preboarding konzipiert wurde. In diesem Portal finden sie umfangreiche Informationen über das Unternehmen, einschließlich einer Unternehmensgeschichte, einer Einführung in die Unternehmenskultur, Details zu ihrem spezifischen Ausbildungsberuf und zu den Erwartungen, die an sie gestellt werden. Außerdem werden interaktive E-Learning-Module zur Verfügung gestellt, die Grundkenntnisse in den wichtigsten logistischen Prozessen und Systemen des Unternehmens vermitteln.
>
> **Welcome:** Am ersten Arbeitstag werden die Auszubildenden persönlich von der Ausbildungsleiterin begrüßt und nehmen an einer Willkommens-Veranstaltung teil, die ihnen einen warmen und einladenden Start ermöglicht. Während dieser Veranstaltung lernen sie die anderen Auszubildenden sowie das Führungsteam kennen, erhalten Einblicke in den Tagesablauf und werden ihren Ausbildungsbetreuern und Buddies vorgestellt. Ein Rundgang durch das Unternehmen gibt ihnen einen ersten Eindruck von ihrem neuen Arbeitsumfeld. Darüber hinaus wird eine Reihe von Teamaktivitäten organisiert, um den Gemeinschaftssinn zu stärken und die soziale Vernetzung zu fördern.
>
> **Guide:** In den folgenden Wochen des Onboardings erhalten die Auszubildenden strukturierte Trainingspläne, die sowohl theoretische als auch praktische Lerneinheiten umfassen. Regelmäßige Treffen mit ihren Betreuern und Buddies dienen dazu, ihre Fortschritte zu besprechen, Feedback zu erhalten und etwaige Herausforderungen anzusprechen. Mentoring-Sessions und regelmäßige Check-ins unterstützen sie dabei, sich beruflich und persönlich weiterzuentwickeln. Zusätzlich werden Workshops und Schulungen zu Schlüsselkompetenzen wie Zeitmanagement, Kommunikation und Teamarbeit angeboten.

2.4 Phasenmodell des Onboardings

Es gibt verschiedene Interpretationen des Phasenmodells des Onboardings, die von einem Dreiphasen- bis zu einem Vier- oder Fünfphasen-Modell reichen. Im Dreiphasen-Modell beginnt die **Vorbereitungsphase** mit der Unterzeichnung des Ausbildungsvertrags und endet am ersten Ausbildungstag. In dieser Phase wird der Auszubildende mit wichtigen Informationen versorgt und auf seine neue Rolle im Unternehmen vorbereitet. Die darauffolgende **Einarbeitungsphase** zielt darauf ab, den Auszubildenden die notwendigen Ressourcen, Wissen und Fähigkeiten zu vermitteln, damit er erfolgreich in seiner neuen Umgebung agieren kann. Die **Integrationsphase** schließlich fördert die soziale Eingliederung und Integration des Auszubildenden in die Unternehmenskultur.

Das Vier- (bis Fünf-)Phasen-Modell erweitert diesen Prozess um differenzierte Phasen. Auch hier beginnt die **Preboarding-Phase** mit der Annahme des Stellenangebots, gefolgt von der **Orientierungsphase**, in der der Auszubildende in die Unternehmenskultur und seine Aufgaben eingeführt wird. In der Phase der **rollenspezifischen Ausbildung** erhält der Auszubildende spezifische Schulungen und Unterstützung für seine spezielle Rolle im Unternehmen. Die laufende Entwicklung stellt sicher, dass der Auszubildende fortlaufend unterstützt und in seiner Entwicklung gefördert wird. Einige Modelle fügen eine **Rollenübergangsphase** hinzu, um den Übergang des Auszubildenden in unterschiedliche Rollen im Unternehmen zu erleichtern.

> **Beispiel**
>
> Ein praktisches Beispiel für die Implementierung eines Phasenmodells des Onboardings könnte in einem Krankenhausumfeld zu finden sein, das neue Pflegeauszubildende einstellt. Das Modell folgt einer strukturierten Vorgehensweise, um die Integration der Auszubildenden zu erleichtern und ihnen den bestmöglichen Start in ihrer beruflichen Laufbahn zu ermöglichen.
>
> **Vorbereitungsphase:** Unmittelbar nach der Vertragsunterzeichnung erhalten die Auszubildenden eine Willkommens-E-Mail mit einem Link zu einem Online-Portal. Dieses Portal bietet umfangreiche Informationen über das Krankenhaus, seine Werte, die Struktur der Pflegeabteilung und eine Einführung in die wichtigsten Gesundheits- und Sicherheitsrichtlinien.

Darüber hinaus enthält es einen interaktiven Zeitplan für die ersten Wochen, inklusive Einführungsschulungen und Orientierungstreffen

Einarbeitungsphase: Am ersten Arbeitstag werden die Auszubildenden persönlich von ihren Mentoren, die gleichzeitig die Praxisausbilderinnen des ersten Einsatzbereichs sind, begrüßt. Die erste Woche ist gefüllt mit Orientierungsveranstaltungen, die darauf abzielen, ein tieferes Verständnis für das Krankenhausumfeld zu entwickeln, einschließlich Rundgängen durch die verschiedenen Abteilungen, Vorstellungen der Teammitglieder und grundlegenden Schulungen zu Krankenhausinformationssystemen. Während dieser Phase nehmen die Auszubildenden auch an spezifischen Pflegeschulungen teil, die auf ihre zukünftigen Aufgaben vorbereiten

Integrationsphase: Nach den ersten Einführungstagen beginnt die Phase der sozialen und beruflichen Integration der Auszubildenden. Sie werden von den Praxisausbilderern schrittweise in die fachliche Arbeit eingeführt, beginnend mit einfachen Aufgaben, die allmählich an Komplexität zunehmen. Regelmäßige Feedback-Sitzungen mit den Mentoren helfen, den Fortschritt zu bewerten, und unterstützen die persönliche und fachliche Entwicklung. Teamaktivitäten und gemeinsame Projekte fördern zudem den Zusammenhalt und die Teamintegration

Erweiterung (im Vier-Phasen-Modell): In einer weiterführenden Phase könnten durch die Ausbildungsleitung spezielle Entwicklungspläne für jeden Auszubildenden erstellt werden, die auf individuellen Stärken und Interessen basieren. Dies beinhaltet das Konzept, in verschiedenen Abteilungen zu arbeiten, an Fortbildungen teilzunehmen oder spezielle Projekte zu übernehmen, um die berufliche Handlungskompetenz und das Engagement der Auszubildenden weiter zu fördern

2.5 RAMP-Modell

Das RAMP-Modell ist ein Rahmenwerk, das auf den Prinzipien der Selbstbestimmungstheorie und anderen motivationstheoretischen Ansätzen wie der Maslowschen Bedürfnispyramide basiert. Es wird in verschiedenen Kontexten angewendet, um die Motivation und das Engagement von Individuen zu fördern. Das Akronym **RAMP** steht dabei für die englischen Begriffe **Relationships (Beziehungen)**, **Autonomy (Autonomie)**, **Mastery (Meisterschaft)** und **Purpose (Zweck)**.

Relationships (Beziehungen)

Beziehungen bilden eine wesentliche soziale Facette im Onboarding-Prozess. Die Integration und das Willkommensgefühl der Auszubildenden sind von großer Bedeutung. Während des Pre- und Onboardings bieten sich den Auszubildenden vielfältige Möglichkeiten, Kollegen, Mentoren und Vorgesetzte kennenzulernen. Durch virtuelle oder persönliche Meet-and-Greet-Events, Teamaktivitäten und Mentoring-Programme entsteht ein unterstützendes Netzwerk, das die Auszubildenden in die Unternehmenskultur einführt. Zudem fördert die Nutzung sozialer Medien oder interner Kommunikationsplattformen das Gemeinschaftsgefühl und die Verbindung zum Unternehmen.

Autonomy (Autonomie)

Autonomie unterstreicht das Empfinden von Kontrolle und Selbstbestimmung. Auszubildenden wird ermöglicht, während des Pre- und Onboardings eigenständige Entscheidungen zu treffen, etwa bei der Auswahl ihrer Lernwege oder Projekte. Flexible Lernressourcen und Plattformen unterstützen darüber hinaus die selbstständige Gestaltung der Lern- und Arbeitsprozesse, was das Verantwortungsbewusstsein und die Selbstbestimmung stärkt.

Mastery (Meisterschaft)

Meisterschaft inspiriert die Auszubildenden dazu, ihre Fertigkeiten auszubauen und sich Herausforderungen zu stellen. Durch die Definition klarer Lernziele, die Bereitstellung konstruktiver Feedbacks und die Schaffung von Möglichkeiten, sich in neuen Aufgaben zu erproben, werden kontinuierliche Lern- und Entwicklungsprozesse gefördert. Die Implementierung eines Anerkennungssystems für erreichte Fortschritte, beispielsweise durch digitale Abzeichen oder Zertifikate, stärkt das Bewusstsein für persönliche Errungenschaften. Individuelle Entwicklungsgespräche vertiefen das Verständnis der Auszubildenden für ihre Fortschritte und Entwicklungschancen.

Purpose (Zweck)

Ein klarer Zweck vermittelt den Auszubildenden das Verständnis für ihre Rolle und deren Beitrag zum übergeordneten Ziel des Unternehmens. Eine klare Kommunikation der Mission, Werte und Ziele des Unternehmens während des Pre- und Onboardings zeigt auf, wie die individuelle Arbeit der Auszubildenden den Unternehmenserfolg unterstützt. Dies stärkt das Gefühl der Zugehörigkeit und des Beitrags zu einem größeren Ganzen. Die Einführung von realen Projekten und Fallstudien, ergänzt durch Bereichsbesuche oder die Einbindung in tatsächliche Unternehmensprojekte, illustriert die praktische Anwendung der erlernten Fähigkeiten.

> **Beispiel**
>
> Ein anschauliches Beispiel für die Anwendung des RAMP-Modells im Pre- und Onboarding-Prozess könnte ein IT-Unternehmen sein, das neue Auszubildende im Bereich Softwareentwicklung einstellt. Das Unternehmen strebt danach, eine motivierende und unterstützende Einführungsphase zu schaffen, die die Auszubildenden ermutigt, sich sowohl beruflich als auch persönlich zu entfalten.
> **Relationships:** Um die soziale Integration der Auszubildenden zu fördern, initiiert das Unternehmen vor dem ersten Arbeitstag ein digitales Meet-and-Greet, bei denen die neuen Auszubildenden die Möglichkeit haben, sich mit ihren zukünftigen Kollegen in ihrem ersten Praxiseinsatz kennenzulernen und auszutauschen. Zusätzlich wird ein Buddy-Programm initiiert
> **Autonomy:** Um ein Gefühl der Selbstbestimmung zu fördern, bietet die Ausbildungsleitung den neuen Auszubildenden Flexibilität in der Gestaltung ihrer Lernpfade und Projektaufgaben an, indem sie Wahlmöglichkeiten bereitstellt. Sie erhalten die Möglichkeit, anhand ihrer Interessen und Karriereziele sowie der sachlich-zeitlichen Struktur ihrer Ausbildung aus verschiedenen Projekten und Technologien selbstständig die zu wählen, die sie präferieren
> **Mastery:** Das Unternehmen legt einen starken Fokus auf die fachliche Entwicklung der Auszubildenden. Durch strukturierte Schulungsprogramme und regelmäßiges Feedback werden die Auszubildenden ermutigt, ihre Fähigkeiten kontinuierlich zu verbessern. Fortschrittsberichte und Anerkennung für erreichte Meilensteine verstärken das Gefühl der Kompetenz und des persönlichen Wachstums
> **Purpose:** Um den Auszubildenden ihren Beitrag zum Unternehmenserfolg zu verdeutlichen, werden regelmäßige Walk-and-Talks mit der Geschäftsleitung organisiert. Dabei werden unter anderem die Vision des Unternehmens, aktuelle Projekte und deren Bedeutung für Kunden und die Gesellschaft, aber auch alltägliche Themen vorgestellt und besprochen

> # 3
Praktische Integration

Zusammenfassung In diesem Kapitel erwartet Sie ein umfassender Leitfaden zur praktischen Integration Ihrer Auszubildenden in Ihr Unternehmen. Sie erfahren, wie Sie die theoretischen Grundlagen und Erfolgsfaktoren von Pre- und Onboarding-Prozessen in konkrete, wirkungsvolle Praktiken umsetzen können. Dabei liegt ein Schwerpunkt auf Anwendungsfällen und bewährten Methoden, die eine nahtlose und effektive Einarbeitung Ihrer neuen Talente sicherstellt. Sie erhalten Einblicke in verschiedene Instrumente und Strategien, die speziell darauf ausgerichtet sind, Auszubildende nicht nur fachlich, sondern auch sozial in das Unternehmen zu integrieren und ihr organisationales Commitment langfristig zu stärken. Von der Gestaltung ansprechender Willkommenspakete über die Entwicklung maßgeschneiderter Lernpfade bis hin zur Etablierung von Buddy-Programmen – dieses Kapitel bietet Ihnen eine praktische Toolbox und Inspirationen, um die Onboarding-Erfahrung für Auszubildende und Unternehmen gleichermaßen zu optimieren.

3.1 Erfolgsmessung im Pre- und Onboarding

> Key-Performance-Indicators im Kontext von Auszubildenden und ihren Pre- und Onboarding-Prozessen definieren quantifizierbare Indikatoren, die zur systematischen Bewertung und Optimierung der Integrationsphase herangezogen werden können. Diese Metriken ermöglichen es Ihnen, die Organisationen, Effizienz, Effektivität und den Gesamterfolg der integrativen Maßnahmen objektiv zu messen und zu steuern.

Um den Erfolg Ihrer Pre- und Onboarding-Maßnahmen objektiv bewerten und optimieren zu können, ist die Definition und Anwendung relevanter Kennzahlen – sogenannter KPIs (Key-Performance-Indicators, dt. Schlüsselindikatoren bzw. Kennzahlen) – unerlässlich. Die Messung spezifischer Aspekte des Pre- und Onboardings ermöglicht tiefe Einblicke in die Effektivität Ihrer Strategien und Maßnahmen.

Die nachfolgende Übersicht präsentiert eine Auswahl von Kennzahlen, die ich in vier Hauptkategorien unterteile:

- Prozessbezogene Kennzahlen
- Leistungsbezogene Kennzahlen
- Zufriedenheits- und Bindungsbezogene sowie
- Engagement- und Lernbezogene Kennzahlen

Diese Einteilung ermöglicht eine strukturierte und quantifizierbare Erfassung sowie Analyse Ihrer Daten, die Ihnen wiederum als Grundlage für eine evidenzbasierte Weiterentwicklung der eigenen Pre- und Onboarding-Prozesse dienen kann.

> Implementieren Sie sorgfältig konzipierte Messmethoden, die zu validen und zuverlässigen Daten führen.

3.1.1 Prozessbezogene Kennzahlen

Diese Kennzahlen helfen Ihnen bei der Bewertung der Effizienz und Wirksamkeit des gesamten Pre- und Onboarding-Prozesses, siehe Tab. 3.1.

Tab. 3.1 Übersicht prozessbezogener Kennzahlen

Cost-per-Onboard (Kosten pro Einarbeitung)	Gesamtkosten des Pre- und Onboarding-Prozesses pro Auszubildenden. **Messbare Kriterien:** - Gesamtbudget des Pre- und Onboarding-Prozesses - Einzelkosten für Schulungsmaterialien, E-Learning-Lizenzen - Kosten für Willkommenspakete (z. B. Unternehmensmerchandise) - Personalkosten für die an der Einarbeitung beteiligten Mitarbeiter - Infrastruktur- und Raumkosten für physische Trainingseinheiten
Documentation-Completion Rate (Dokumentations-Abschlussquote)	Prozentsatz der erforderlichen Dokumente und Unterlagen, die bis zum Ende der Onboarding-Phase vollständig ausgefüllt und eingereicht wurden. **Messbare Kriterien:** - Anzahl der eingereichten vs. erforderlichen Dokumente - Zeitpunkt der Dokumenteneinreichung im Vergleich zu vorgegebenen Fristen - Überprüfung der Vollständigkeit und Korrektheit der Dokumente
Process-Completion Rate (Prozess-Abschlussquote)	Prozentsatz der abgeschlossenen Aufgaben und Aktivitäten im Rahmen des Pre- und Onboarding-Plans. **Messbare Kriterien:** - Fortschrittsverfolgung aller definierten Onboarding-Aktivitäten - Erreichte Meilensteine im Vergleich zu den geplanten Zielen - Beteiligungs- und Abschlussquoten bei Einführungsveranstaltungen
Time-to-Onboard (Zeit bis zur Einarbeitung)	Zeitraum zwischen Vertragsunterzeichnung und dem ersten Arbeitstag bzw. zwischen dem ersten Arbeitstag und dem Ende der Onboarding-Phase, gemessen in Tagen. **Messbare Kriterien:** - Dauer vom Vertragsabschluss bis zum offiziellen Arbeitsbeginn - Zeitspanne vom ersten Arbeitstag bis zum Abschluss aller Onboarding-Aktivitäten - Vergleich der durchschnittlichen Onboarding-Dauer zwischen verschiedenen Abteilungen oder Ausbildungsgruppen

(Fortsetzung)

Tab. 3.1 (Fortsetzung)

Training-Completion Rate (Schulungs-Abschlussquote)	Prozentsatz der vorgesehenen Schulungen und Trainings, die bis zum Ende der Onboarding-Phase erfolgreich abgeschlossen wurden. **Messbare Kriterien:** - Anzahl der abgeschlossenen Trainingsmodule im Vergleich zu den vorgesehenen Schulungen - Erfolgsquoten bei Abschlusstests oder Zertifizierungen - Feedback und Bewertungen der Auszubildenden zu den absolvierten Schulungen

---

Beispiel

Ein praktisches Beispiel für die Anwendung prozessbezogener Kennzahlen im Kontext des Pre- und Onboarding-Prozesses könnte die Evaluation der „Training-Completion Rate" sein. Nehmen wir an, ein Unternehmen führt ein spezifisches Onboarding-Programm für neue Auszubildende ein, das aus einer Reihe von Schulungen und Workshops besteht, die darauf abzielen, den Auszubildenden grundlegende Kenntnisse über die Unternehmenskultur, Sicherheitsvorschriften und spezifische Arbeitsabläufe zu vermitteln. Die „Training-Completion Rate" misst in diesem Zusammenhang den Prozentsatz der Auszubildenden, die alle vorgesehenen Trainingsmodule innerhalb der festgelegten Onboarding-Phase erfolgreich abschließen. Ein Ergebnis von 95 % würde beispielsweise anzeigen, dass fast alle neuen Auszubildenden die erforderlichen Schulungen erfolgreich durchlaufen haben, was wiederum auf eine hohe Effektivität des Onboarding-Programms hindeutet. Dieser Indikator ermöglicht es dem Unternehmen, die Qualität und Angemessenheit seiner Schulungsmaßnahmen kontinuierlich zu überwachen und gegebenenfalls Anpassungen vorzunehmen.

3.1.2 Leistungsbezogene Kennzahlen

Leistungsbezogene Kennzahlen helfen, den Fortschritt und die Effektivität der gewählten Maßnahmen während des Pre- und Onboarding-Prozesses zu bewerten. Sie bieten eine quantitative Grundlage, um die Auswirkungen der Onboarding-Initiativen auf die individuelle und kollektive Leistung der Auszubildenden zu messen, siehe Tab. 3.2.

Tab. 3.2 Übersicht leistungsbezogener Kennzahlen

Competency Progression (Kompetenzentwicklung)	Diese Kennzahl spiegelt den Fortschritt der Auszubildenden in Bezug auf die erforderlichen Kompetenzen und Fähigkeiten wider. Sie kann durch regelmäßige Bewertungen und Prüfungen gemessen werden. **Messbare Kriterien:** - Durchführung regelmäßiger Leistungsbeurteilungen oder Kompetenzchecks - Bewertung der Fortschritte in Schlüsselkompetenzen anhand spezifischer Bewertungsskalen - Analyse von Lernfortschritten durch Vorher-Nachher-Vergleiche bei Tests und Prüfungen
Goal Achievement (Zielerreichung)	Die Zielerreichung misst, inwieweit die Auszubildenden ihre individuellen und kollektiven Ziele erreichen. Sie sollte durch regelmäßige Leistungsüberprüfungen und Zielbewertungen gemessen werden. **Messbare Kriterien:** - Festlegung und Überprüfung individueller und teambezogener Ziele in regelmäßigen Abständen - Einsatz von Leistungsbewertungstools, um den Grad der Zielerreichung quantitativ und qualitativ zu erfassen - Feedback-Gespräche zur Reflexion und Anpassung der Zielsetzungen
Job Proficiency (Berufliche Kompetenz)	Die berufliche Kompetenz bewertet, wie gut Auszubildende die Anforderungen ihres jeweiligen Berufsfelds erfüllen. Sie kann durch Prüfungen, Beobachtungen und Feedback von Vorgesetzten und Kollegen gemessen werden. **Messbare Kriterien:** - Bewertung durch Prüfungen und zertifizierte Tests, die auf die Anforderungen des Berufsfelds abgestimmt sind - Beobachtungen und Feedback von Vorgesetzten und Kollegen zu Arbeitsleistungen und Projekterfolgen - Analyse der Anwendung von erlerntem Wissen und Fähigkeiten in realen Arbeitssituationen

(Fortsetzung)

Tab. 3.2 (Fortsetzung)

Skills Acquisition (Kompetenzerwerb)	Der Kompetenzerwerb bewertet, wie schnell und effektiv Auszubildende neue Fähigkeiten und Kenntnisse erwerben. Er sollte durch Tests, Prüfungen und Beobachtungen gemessen werden. **Messbare Kriterien:** - Durchführung von Tests und Prüfungen, um den Erwerb neuer Fähigkeiten und Kenntnisse zu bewerten - Beobachtung der Anwendung und Umsetzung neu erlernter Skills in praktischen Aufgaben - Erfassung der Lerngeschwindigkeit und des Lernfortschritts durch Lernplattformen und E-Learning-Tools

Beispiel

Ein Beispiel für die Anwendung leistungsbezogener Kennzahlen im Rahmen des Pre- und Onboarding-Prozesses ist die Messung der „**Job Proficiency**" neuer Auszubildender. Stellen Sie sich vor, ein Unternehmen im Bereich der Informationstechnologie führt ein umfassendes Onboarding-Programm durch, das darauf ausgerichtet ist, Auszubildenden spezifische technische Fähigkeiten und unternehmensrelevante Gegebenheiten zu vermitteln, die für ihre zukünftigen Tätigkeiten im Rahmen der Ausbildung essenziell sind. Die Kennzahl „**Job Proficiency**" wird genutzt, um zu bewerten, wie gut die Auszubildenden nach Abschluss des Onboarding-Programms die Anforderungen an ihren künftigen Ausbildungseinsatz erfüllen. Dies könnte durch eine Kombination aus technischen Prüfungen, die am Ende der Onboarding-Phase durchgeführt werden, direkten Beobachtungen bei der Ausführung spezifischer Aufgaben und regelmäßigem Feedback von den Vorgesetzten und erfahrenen Kollegen ermittelt werden.

Angenommen, die Auswertung zeigt, dass 90 % der Auszubildenden die Prüfungen beim ersten Versuch bestehen und bei der praktischen Anwendung der erlernten Fähigkeiten hohe Kompetenz zeigen. Dies deutet darauf hin, dass das Onboarding-Programm effektiv dazu beiträgt, die Auszubildenden auf ihren Einsatz vorzubereiten und sicherzustellen, dass sie das notwendige Wissen besitzen, um ihre Aufgaben im ersten Praxiseinsatz erfolgreich auszuführen. Durch die kontinuierliche Überwachung dieser Kennzahl kann das Unternehmen die Qualität und Angemessenheit seiner Ausbildungs- und Onboarding-Initiativen bewerten und gegebenenfalls Anpassungen vornehmen, um die berufliche Kompetenz der Auszubildenden und den erfolgreichen Start weiter zu verbessern.

3.1.3 Zufriedenheits- und bindungsbezogene Kennzahlen

Die Zufriedenheit und Bindung der Auszubildenden sind wichtig für den langfristigen Erfolg eines Unternehmens. Hier sind einige Kennzahlen, die helfen können, den Grad der Zufriedenheit und Bindung während des Pre- und Onboarding-Prozesses zu messen, siehe Tab. 3.3.

> **Beispiel**
>
> Betrachten wir ein Technologieunternehmen, das ein strukturiertes Onboarding-Programm für seine neuen Auszubildenden entwickelt hat, welches interaktive Einführungssitzungen, Mentorship-Programme und erste projektbasierte Aufgaben umfasst.
>
> Um den Erfolg und die Wirksamkeit dieses Programms zu bewerten, führt das Unternehmen am Ende der Onboarding-Phase eine detaillierte Zufriedenheitsumfrage durch. Die Umfrage erfasst Feedback zu verschiedenen Aspekten des Onboarding-Erlebnisses, einschließlich der Klarheit der vermittelten Informationen, der Nützlichkeit der Einführungssitzungen, der Qualität der Interaktion mit Mentoren und der ersten Eindrücke vom Arbeitsumfeld.
>
> Angenommen, die Ergebnisse der Umfrage zeigen eine hohe Zufriedenheitsrate von 90 % bei den Auszubildenden hinsichtlich der Mentorship-Programme und der Einführungssitzungen, aber nur eine Zufriedenheitsrate von 70 % bei den projektbasierten Aufgaben. Dieses Feedback ermöglicht es dem Unternehmen, den Onboarding-Prozess gezielt zu verbessern, indem beispielsweise die projektbasierten Aufgaben besser strukturiert und die Auszubildenden dabei umfassender unterstützt werden.
>
> Durch die regelmäßige Messung der „**Pre-/Onboarding Satisfaction**" können Unternehmen den Einstieg der Auszubildenden optimieren, was zu einer höheren Gesamtzufriedenheit, besseren Integration ins Team und einer stärkeren Bindung an das Unternehmen führt. Dies trägt zu einer erfolgreichen Ausbildung und langfristigen Mitarbeiterbindung bei.

Tab. 3.3 Übersicht zufriedenheits- und bindungsbezogener Kennzahlen

Attrition Rate (Fluktuationsrate)	Die Fluktuationsrate, einschließlich der Frühfluktuation, misst die Anzahl der Auszubildenden, die das Unternehmen vorzeitig verlassen, im Verhältnis zur Gesamtzahl der Auszubildenden. Eine kontinuierliche Überwachung und Analyse dieser Rate ist entscheidend, um die Gründe für hohe Fluktuationsraten frühzeitig zu erkennen. **Messbare Kriterien:** - Anzahl der Auszubildenden, die das Unternehmen vorzeitig verlassen, dividiert durch die Gesamtzahl der Auszubildenden, um gerechnet in einen Prozentsatz - Analyse der Austrittsgründe durch Austrittsinterviews oder Umfragen
Engagement Level (Engagement-Niveau)	Das Engagement-Niveau misst die emotionale und berufliche Bindung der Auszubildenden an ihr Unternehmen. **Messbare Kriterien:** - Ergebnisse aus Auszubildenden-Engagementumfragen - Teilnahme an Unternehmensinitiativen und -veranstaltungen
Job Satisfaction (Jobzufriedenheit)	Die Jobzufriedenheit bewertet das Ausmaß der Zufriedenheit der Auszubildenden mit ihrem Ausbildungsberuf und Arbeitsumfeld. **Messbare Kriterien:** - Ergebnisse aus Zufriedenheitsumfragen - Häufigkeit und Art des Feedbacks in Auszubildendengesprächen
Mentor/Buddy Satisfaction (Mentor-/Buddy-Zufriedenheit)	Die Zufriedenheit der Mentoren beziehungsweise Buddies bewertet, wie zufrieden sie mit der Interaktion und dem Engagement sind. **Messbare Kriterien:** - Zufriedenheitsbewertungen durch Mentoren und Buddies in spezifischen Umfragen - Rückmeldungen zu den Interaktionen mit den Auszubildenden

(Fortsetzung)

Tab. 3.3 (Fortsetzung)

Pre-/Onboarding Satisfaction (Pre-/Onboarding-Zufriedenheit)	Die (Gesamt-)Zufriedenheit, bezogen auf den Preboarding- bzw. Onboarding-Prozess. **Messbare Kriterien:** - Bewertungen der Zufriedenheit mit dem Pre- und Onboarding-Prozess durch Umfragen bei den Auszubildenden - Analyse spezifischen Feedbacks zur Verbesserung der Prozesse
Retention Rate (Bindungsrate)	Die Bindungsrate misst den Prozentsatz der Auszubildenden, die im Unternehmen bleiben. Der Zeithorizont kann sich über die Probezeit oder die ganze Ausbildung erstrecken. **Messbare Kriterien:** - Prozentsatz der Auszubildenden, die nach Abschluss der Probezeit oder Ausbildung im Unternehmen verbleiben - Vergleich der Bindungsraten über verschiedene Einstellungszyklen
Training Satisfaction (Schulungszufriedenheit)	Die Schulungszufriedenheit bewertet, wie zufrieden Auszubildende mit den Schulungs- und Entwicklungsangeboten des Unternehmens sind. **Messbare Kriterien:** - Bewertungen und Feedback zu den Schulungsprogrammen durch die Auszubildenden - Abschlussquoten von verpflichtenden und optionalen Trainingsmodulen
Work-Life-Balance	Die Work-Life-Balance misst, wie gut die Auszubildenden in der Lage sind, ihre beruflichen und privaten Verpflichtungen in Einklang zu bringen. **Messbare Kriterien:** - Bewertungen der Work-Life-Balance durch Umfragen - Analyse der Nutzung von Angeboten zur Flexibilisierung der Arbeitszeit und anderer unterstützender Maßnahmen

3.1.4 Engagement- und lernbezogene Kennzahlen

Das Engagement und die Lernbereitschaft der Auszubildenden sind wesentliche Faktoren, die den Erfolg der Pre- und Onboarding-Prozesse beeinflussen. Hier sind einige Kennzahlen, die genutzt werden können, um das Engagement und die Lernprogression während dieser Phasen zu messen, siehe Tab. 3.4.

Tab. 3.4 Übersicht engagement- und lernbezogene Kennzahlen

Engagement Rate (Engagement-Rate)	Die Engagement-Rate bezieht sich auf das Ausmaß, in dem sich Auszubildende an Aktivitäten, Diskussionen und Veranstaltungen beteiligen. **Messbare Kriterien:** - Teilnahmequoten an Diskussionsforen, Projekteinreichungen und Unternehmensnetzwerkaktivitäten - Aktivitätslevel auf internen Plattformen
Learning Curve Progression (Lernkurvenprogression)	Die Lernkurvenprogression misst die Geschwindigkeit und Effizienz, mit der Auszubildende neue Fähigkeiten und Kenntnisse erwerben. **Messbare Kriterien:** - Fortschritt in Testergebnissen und Projektbewertungen - Feedback zur Lernentwicklung von Ausbildern und Mentoren
Learning Engagement (Lern-Engagement)	Das Lern-Engagement bewertet die Aktivität und die Bereitschaft der Auszubildenden, sich in Lernaktivitäten einzubringen. **Messbare Kriterien:** - Teilnahmequoten an Schulungen und Workshops - Engagement in selbstgesteuerten Lernaktivitäten
Performance Assessment Progression (Leistungsbewertungsprogression)	Die Leistungsbewertungsprogression misst die Verbesserung der Auszubildenden in regelmäßigen Leistungsbewertungen über die Zeit. **Messbare Kriterien:** - Entwicklung in regelmäßigen Leistungsbewertungen - Feedback und Fortschrittsbewertungen von Ausbildern und Mentoren

Tab. 3.4 (Fortsetzung)

Training Completion Rate (Schulungsabschlussrate)	Die Schulungsabschlussrate misst den Prozentsatz der abgeschlossenen und bestandenen Schulungs- und Entwicklungsprogramme. **Messbare Kriterien:** - Abschlussquoten von Schulungsprogrammen - Bestätigung erfolgreich abgeschlossener Kurse

Beispiel

Ein praktisches Beispiel für die Anwendung von engagement- und lernbezogenen Kennzahlen in der Pre- und Onboarding-Phase könnte die Bewertung der „**Learning Curve Progression**" sein. Angenommen, ein Gesundheitsunternehmen implementiert ein neues Onboarding-Programm für seine Auszubildenden in der Pflege, das aus einer Kombination von eLearning-Kursen, praktischen Workshops und Mentor-Gesprächen besteht, um essenzielle klinische Fähigkeiten und Kenntnisse zu vermitteln.

Um die Effektivität dieses Programms zu messen, setzt das Unternehmen die „**Learning Curve Progression**" ein, indem es die Fortschritte der Auszubildenden anhand von regelmäßigen Tests und praktischen Prüfungen überwacht. Zusätzlich werden Feedback-Sitzungen mit den Mentoren organisiert, um ein umfassenderes Bild des Lernfortschritts zu erhalten.

Stellen wir uns vor, die Analyse zeigt, dass innerhalb der ersten zwei Monate des Programms 80 % der Auszubildenden signifikante Verbesserungen in ihren klinischen Fähigkeiten zeigen, basierend auf den Ergebnissen von simulierten Prüfungsszenarien. Diese positive Entwicklung in der „**Learning Curve Progression**" deutet darauf hin, dass das Onboarding-Programm erfolgreich dazu beiträgt, die Auszubildenden schnell und effizient auf ihre künftigen Aufgaben im Gesundheitswesen vorzubereiten. Aufgrund dieser Erkenntnisse kann das Unternehmen weitere Maßnahmen ergreifen, um das Lernumfeld weiter zu optimieren und sicherzustellen, dass alle Auszubildenden die notwendigen Kompetenzen erfolgreich erwerben.

3.1.5 Kritische Betrachtung von Kennzahlen

Die vorgestellten Kennzahlen bieten eine quantitative und qualitative Einschätzung verschiedener Aspekte des Pre- und Onboardings Ihrer Auszubildenden. Sie bieten Ihnen die Möglichkeit, wertvolle Daten zu erheben, können jedoch auch Herausforderungen und Grenzen erzeugen. Eine wesentliche Herausforderung ist die unvollständige Darstellung des Faktors „Lernen". Kennzahlen wie die Lernkurvenprogression oder die Performance Assessment Progression können den individuellen Fortschritt der Auszubildenden zwar quantifizieren, der Lernprozess selbst kann jedoch nicht immer in numerischen Werten dargestellt werden. Achten Sie deshalb darauf, dass eine übermäßige Betonung mithilfe von Kennzahlen eine unfaire Beurteilung der Auszubildenden fördern könnte.

Darüber hinaus berücksichtigen Kennzahlen nicht die unterschiedlichen Voraussetzungen und Hintergründe Ihrer Auszubildenden. Jeder Auszubildende bringt unterschiedliche (Vor-)Erfahrungen, Kenntnisse und Fähigkeiten mit, und diese Unterschiede können eine faire Interpretation der Kennzahlen komplex machen. Beachten Sie deshalb bei Ihrer Beurteilung insbesondere auch die Themen der individuellen Sozialisierung und Eingewöhnung in die neue Gruppe. Der Beginn einer Ausbildung ist eine Zeit der sozialen Integration, die für das Wohlbefinden und den Erfolg des Auszubildenden entscheidend ist. Kennzahlen, die sich auf individuelle Leistungen und Fähigkeiten konzentrieren, können die Bedeutung von Teamdynamiken und sozialen Beziehungen verzerren. Die Anfangsphase einer Ausbildung ist darüber hinaus auch eine Zeit des Übergangs und der Anpassung. Die intensive Konzentration auf leistungsbezogene Indikatoren und deren offene Darlegung kann paradoxerweise bei Ihren Lernenden zu einem gesteigerten Empfinden von Druck führen. Theoretisch könnte dies sogar eine verstärkte Angst- und Stressreaktion hervorrufen, welche wiederum die Effizienz von Lern- und Adaptationsprozessen negativ beeinflussen kann. Ein solches Szenario kann, entgegen der ursprünglichen Intention, zu einer Zunahme der vorzeitigen Beendigung von Ausbildungsverhältnissen führen.

> Achten Sie bei der Implementierung von Kennzahlen darauf, für das Pre- und Onboarding einen ausgewogenen Ansatz zu wählen. Es ist wichtig, sowohl quantitative als auch qualitative Indikatoren einzubeziehen, um ein umfassendes Bild der Wirksamkeit Ihrer Prozesse zu erhalten. Die spezifischen Ziele Ihres Unternehmens und Ihrer Ausbildungsprogramme soll-

ten Berücksichtigung finden. Legen Sie die Kennzahlen stets gemeinsam mit allen Beteiligten fest, um sicherzustellen, dass sie die Lernbedürfnisse und -fähigkeiten der Auszubildenden widerspiegeln.

3.2 Von der Theorie zur Praxis

Bei der strukturierten Umsetzung der vorgestellten Methoden und der Übersetzung auf praktische Methoden geht es um die zielgerichtete Einbettung in die Unternehmenskultur, die Förderung der persönlichen Entwicklung und das Schaffen langfristiger Bindungen zum Unternehmen. Diese strategischen Grundlagen sind essenziell, um den Auszubildenden einen holistischen Rahmen zu bieten, in dem sie nicht nur ihre fachlichen Fähigkeiten ausbauen, sondern sich auch als wertvoller Teil des Unternehmens fühlen und aktiv an dessen Weiterentwicklung teilhaben können.

Jede Methode wird nach einem einheitlichen Schema vorgestellt: Zunächst erfolgt eine Erläuterung der Methode selbst, gefolgt von einer Zuordnung der angesprochenen psychosozialen und entwicklungsfördernden Dimensionen. Abschließend werden praktische Tipps zur Umsetzung gegeben. Dieser strukturierte Ansatz gewährleistet, dass Sie die Methoden nicht nur theoretisch fundiert, sondern auch in der Praxis effektiv und zielgerichtet einsetzen können.

Neben den hier fokussierten Ansätzen können auch viele andere Methoden in die Preboarding- und Onboarding-Phase der eigenen Auszubildenden integriert werden, um die Effektivität dieser wichtigen Einarbeitungsphase individuell weiter zu steigern.

Erweiterung des RAMP-Modells
Zur Strukturierung der praktischen Methoden wurde das RAMP-Modell erweitert, siehe **Abb. 3.1**. Die Zuordnung der Methoden basiert auf der Überlegung, wie die einzelnen Methoden die Beziehungen (Relationships), Autonomie (Autonomy), Meisterschaft (Mastery) und den

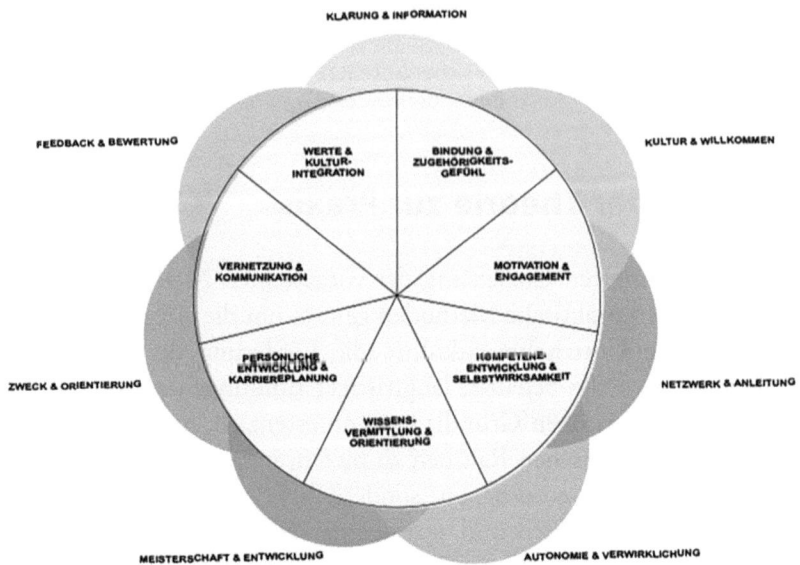

Abb. 3.1 Erweiterung des RAMP-Modells und psychosoziale und entwicklungsfördernde Dimensionen

Zweck (Purpose) der Auszubildenden im Kontext ihrer Einarbeitung unterstützen können. Die Methoden sind daher wie folgt kategorisiert:

Klärung und Information Hier geht es um die Vermittlung von klar strukturierten Informationen über das Unternehmen, die Ausbildungsziele und die Erwartungen an die Auszubildenden. Es wird erläutert, wie durch Informationspakete, Online-Portale oder interaktive Module ein transparenter und unterstützender Rahmen geschaffen werden kann, der den Auszubildenden hilft, sich zurechtzufinden.

Kultur und Willkommen Dieser Bereich betont die Bedeutung der sozialen Integration und des Aufbaus eines Zugehörigkeitsgefühls. Vorgestellt werden Methoden wie persönliche Willkommensbotschaften, gemeinsame Kaffeepausen und Veranstaltungen, die darauf abzielen, die Auszubildenden in die Gemeinschaft aufzunehmen und ihnen das Gefühl zu geben, ein geschätzter Teil des Teams zu sein.

Netzwerk und Anleitung Die Bedeutung von Mentoring und Netzwerkbildung wird hervorgehoben, um den Auszubildenden Orientierung und Unterstützung durch erfahrene Kollegen zu bieten. Durch Buddy- und Patensysteme sowie interaktive Q&A-Sessions wird eine Plattform für den Austausch und das Lernen von anderen geschaffen.

Autonomie und Verwirklichung Die Förderung der Selbstständigkeit der Auszubildenden durch eigenverantwortliche Projektarbeit und die Teilnahme an Innovationswettbewerben steht im Mittelpunkt. Es wird dargelegt, wie durch solche Initiativen die Eigeninitiative und Kreativität der Auszubildenden angeregt werden kann.

Meisterschaft und Entwicklung Hier wird der Fokus auf die fachliche und persönliche Entwicklung gelegt. Zielsetzungs- und Review-Meetings, Cross-Training-Sessions und Hospitationen bieten den Auszubildenden die Möglichkeit, ihre Fähigkeiten zu erweitern und neue Perspektiven zu gewinnen.

Zweck und Orientierung
Die Bedeutung eines klaren Verständnisses der Unternehmensziele und der Position der Auszubildenden darin wird betont. Durch CSR-Projekte und Nachhaltigkeits-Challenges wird den Auszubildenden vermittelt, wie sie einen Beitrag zum größeren Ganzen leisten können.

Feedback und Bewertung Durch entwicklungsorientierte Gespräche, Peer-Feedback und regelmäßige Selbstbewertungstools wird ein kontinuierlicher Lern- und Entwicklungsprozess gefördert.

Psychosoziale und entwicklungsfördernde Dimensionen
Die Effekte der praktischen Methoden Ihrer Preboarding- und Onboarding-Aktivitäten auf neue Auszubildende lassen sich durch folgende Schlüsseldimensionen strukturieren, die speziell auf die Förderung psychosozialer und entwicklungsbezogener Aspekte ausgerichtet sind.

Bindung und Zugehörigkeitsgefühl

- Erhöht das Gefühl der Verbundenheit mit dem Unternehmen.
- Fördert die soziale Integration und das Gefühl, Teil eines Teams zu sein.
- Stärkt die emotionale Bindung zum Unternehmen durch persönliche Anerkennung und Wertschätzung.

Motivation und Engagement

- Steigert die intrinsische Motivation durch inspirierende Inhalte und Herausforderungen.
- Fördert aktives Engagement durch Partizipation an Projekten und Wettbewerben.
- Ermutigt zu eigenverantwortlichem Handeln und zur Übernahme von Verantwortung.

Kompetenzentwicklung und Selbstwirksamkeit

- Unterstützt den Erwerb von Fachwissen und sozialen Kompetenzen.
- Stärkt das Vertrauen in die eigenen Fähigkeiten durch Feedback und Erfolgserlebnisse.
- Fördert die Fähigkeit zur Selbstorganisation und effektiven Problemlösung.

Persönliche Entwicklung und Karriereplanung

- Unterstützt die Identifikation persönlicher Ziele und die Planung der beruflichen Entwicklung.
- Bietet Möglichkeiten zur Weiterbildung und zum Erwerb neuer Qualifikationen.
- Fördert die Reflexion über die eigene Rolle und Perspektiven im Unternehmen.

Vernetzung und Kommunikation

- Ermöglicht den Aufbau eines professionellen Netzwerks innerhalb des Unternehmens.
- Fördert den Austausch von Wissen und Erfahrungen zwischen Auszubildenden und Mitarbeitern.
- Stärkt die Kommunikationsfähigkeiten durch regelmäßigen Dialog und Feedback.

Werte- und Kulturintegration

- Vermittelt die Unternehmenswerte und die Bedeutung der Unternehmenskultur.
- Fördert das Verständnis für ethisches Handeln und soziale Verantwortung.
- Unterstützt die Identifikation mit den Zielen und Visionen des Unternehmens.

Wissensvermittlung und Orientierung

- Bietet umfassende Informationen über das Unternehmen, seine Kultur und Arbeitsabläufe.
- Hilft bei der schnellen Einarbeitung und Orientierung im Unternehmen.
- Vermittelt notwendiges Fachwissen und Arbeitsmethoden.

Die Einbeziehung der psychosozialen und entwicklungsfördernden Dimensionen in das erweiterte RAMP-Modell bildet ein integratives Framework, das explizit auf die Förderung des psychologischen Wohlbefindens, der individuellen Kompetenzentwicklung und der sozialen Kohäsion der Auszubildenden ausgerichtet ist. Durch die Adaptation dieser Schlüsseldimensionen schaffen wir ein holistisches Pre- und Onboarding-Konzept, welches das Ziel verfolgt, die Auszubildenden nicht ausschließlich in ihrem beruflichen Kompetenzerwerb zu unterstützen, sondern auch ihre intrinsische Motivation, Selbstbestimmung und soziale Integration zu stärken.

3.3 Methoden

3.3.1 Klärung und Information

3.3.1.1 Azubi-Blog

Ein Azubi-Blog ist ein digitales Tagebuch oder eine Plattform, die speziell für Auszubildende innerhalb eines Unternehmens oder einer Organisation konzipiert ist. Er dient als Kommunikationsmittel, das es ermöglicht, Erfahrungen, Wissen und Informationen rund um das Thema Ausbildung im Unternehmen zu teilen. Azubi-Blogs können intern oder auch extern veröffentlicht werden und somit unterschiedliche Zielgruppen adressieren. In einem Azubi-Blog können Beiträge zu verschiedenen Themen veröffentlicht werden, wie z. B. Einführungsveranstaltungen, Erfahrungsberichte aus verschiedenen Abteilungen, Tipps für den Arbeitsalltag, persönliche Entwicklungen und Erfolge sowie Ankündigungen von internen Veranstaltungen und Weiterbildungsmöglichkeiten. Darüber hinaus kann er als Plattform dienen, um Fragen zu stellen und Feedback zu geben.

Zuordnung

- Preboarding
- Onboarding

Schlüsseldimensionen

- Bindung und Zugehörigkeitsgefühl
- Kompetenzentwicklung und Selbstwirksamkeit
- Motivation und Engagement
- Vernetzung und Kommunikation
- Werte- und Kulturintegration
- Wissensvermittlung und Orientierung

Tipps zur Umsetzung
Um einen Azubi-Blog erfolgreich zu erstellen und zu führen, gibt es verschiedene Aspekte und Schritte, die berücksichtigt werden sollten. Diese umfassen die technische Umsetzung (wie self-hosted vs. managed), die Integration in bestehende Systeme (wie Karriereseiten), den Zugriffsbereich (intern vs. extern) sowie die Content-Planung und -Pflege.

Self-Hosted Hierbei wird der Blog auf einem eigenen Server des Unternehmens gehostet. Das bietet volle Kontrolle über die Plattform und ihre Sicherheit, erfordert aber entsprechende IT-Ressourcen für Einrichtung, Wartung und Sicherheitsupdates.

Managed Managed heißt, dass Sie ein von einem Drittanbieter verwaltetes System nutzen. Das erleichtert die Einrichtung und Wartung, da der Anbieter für technische Updates und Sicherheit sorgt. Es kann allerdings Einschränkungen hinsichtlich der Anpassungsfähigkeit und Kontrolle geben.

Integration in Karriereseite Der Blog kann in die bestehende Karriereseite des Unternehmens integriert werden, um potenziellen Bewerbern Einblicke in die Ausbildung und Unternehmenskultur zu geben.

Durch die Nutzung eines Azubi-Blogs können Unternehmen nicht nur die Einarbeitung und Integration neuer Auszubildender verbessern, sondern auch das Engagement und die Bindung an das Unternehmen erhöhen. Es ermöglicht Auszubildenden, von Beginn ihrer Ausbildung an aktiv am Unternehmensgeschehen teilzunehmen und sich als wertvoller Teil der Unternehmensgemeinschaft zu fühlen.

Im Folgenden finden Sie Schritt-für-Schritt-Tipps zur Umsetzung und Content-Planung, um einen lebendigen, interaktiven und informativen Blog zu gestalten, der nicht nur den Auszubildenden einen Mehrwert bietet, sondern auch die Unternehmenskultur positiv transportiert und fördert.

Step-by-Step

1. **Zieldefinition:** Definieren Sie klar, was Sie mit dem Azubi-Blog erreichen möchten (z. B. Wissensaustausch, Onboarding-Unterstützung).
2. **Plattformauswahl:** Entscheiden Sie, basierend auf den technischen und organisatorischen Anforderungen, welche Blog-Plattform (selfhosted, managed) verwendet werden soll.
3. **Design und Setup:** Passen Sie das Design des Blogs an Ihr Corporate-Design an und richten Sie technische Features wie Kommentarfunktionen, Suchfunktionen und Sicherheitseinstellungen ein.
4. **Inhaltsplanung:** Erstellen Sie einen Redaktionsplan, der Themen, Verantwortliche und Veröffentlichungsdaten umfasst. Planen Sie eine Mischung aus Inhalten, wie Unternehmensnews, Abteilungsvorstellungen, Erfahrungsberichte und Tipps.
5. **Content-Erstellung:** Entwickeln Sie Richtlinien für die Content-Erstellung, um eine einheitliche Qualität und Tonalität sicherzustellen.
6. **Regelmäßige Aktualisierungen:** Legen Sie einen festen Rhythmus für neue Beiträge fest, um den Blog lebendig zu halten.
7. **Interaktivität fördern:** Ermöglichen und ermutigen Sie Interaktionen durch Kommentare und Beiträge von Auszubildenden und Teammitgliedern.
8. **Integration und Promotion:** Binden Sie den Blog in das Onboarding-Programm ein und bewerben Sie ihn aktiv, um eine hohe Beteiligung zu gewährleisten.
9. **Monitoring und Anpassung:** Überwachen Sie die Nutzung des Blogs und das Feedback der Nutzer, um Inhalte und Funktionen kontinuierlich zu verbessern.

Content-Planung

1. **Themenidentifikation:** Sammeln Sie Themen, die für Ihre Zielgruppe von Interesse sind, unter Berücksichtigung der verschiedenen Phasen der Ausbildung und Karriereentwicklung.
2. **Content-Kalender:** Erstellen Sie einen Kalender, um Themen, Autoren und Veröffentlichungstermine zu planen. Dies hilft, den Überblick zu behalten und eine kontinuierliche Versorgung mit frischem Content zu gewährleisten.

3. **Diversität:** Stellen Sie sicher, dass eine breite Palette von Themen abgedeckt wird, um unterschiedliche Interessen und Bedürfnisse anzusprechen.

3.3.1.2 Azubi-Fibel

Die Azubi-Fibel ist ein Leitfaden, der als Brücke zwischen neuen Auszubildenden und dem Unternehmen fungiert. Sie kann als Ergänzung zu digitalen Plattformen wie Online-Portalen (siehe Abschn. 3.3.1.4) oder auch als unterstützendes Begleitwerkzeug im Rahmen von Einführungsveranstaltungen (siehe Abschn. 3.3.1.8) genutzt werden. Die Fibel ist eine strukturierte und zugängliche Zusammenfassung aller essenziellen Informationen über das Unternehmen, dessen Kultur und der anstehenden Aufgaben.

> Sammeln Sie typische Fragen Ihrer Auszubildenden, die im Pre- und Onboarding auftreten, und erstellen Sie ein FAQ (Frequently Asked Question) in Ihrer Fibel, damit Ihre neuen Auszubildenden schnell und unkompliziert Antworten auf ihre drängendsten Fragen finden können.

Zuordnung

- Preboarding
- Onboarding

Schlüsseldimensionen

- Werte- und Kulturintegration
- Wissensvermittlung und Orientierung

Tipps zur Umsetzung
Um eine optimale Verfügbarkeit zu gewährleisten, ist es wichtig, die Fibel sowohl in physischer als auch digitaler Form anzubieten. Dies gewährleistet, dass Ihre Auszubildenden, unabhängig von ihren Vorlieben oder Zugangsmöglichkeiten, die Informationen abrufen können. Eine

visuell ansprechende Aufbereitung spielt dabei eine wichtige Rolle, da sie nicht nur das Interesse weckt, sondern auch die Auseinandersetzung mit den Inhalten fördert. Durch das Einbauen von FAQs können häufige Fragen schnell beantwortet und mögliche Unsicherheiten im Vorfeld effektiv reduziert werden. Eine kontinuierliche Aktualisierung der Informationen, einschließlich Organigrammen und anderen relevanten Unternehmensdaten, ist unerlässlich, um Ihren Auszubildenden einen realistischen und aktuellen Überblick über Ihr Unternehmen zu bieten.

3.3.1.3 Einführungsveranstaltungen

Einführungsveranstaltungen sind speziell konzipierte Programme zu Beginn der Ausbildungszeit, die darauf abzielen, neue Auszubildende durch eine Kombination aus Information, Willkommenskultur und Orientierungshilfen in das Unternehmen einzuführen.

Zuordnung

- Onboarding

Schlüsseldimensionen

- Bindung und Zugehörigkeitsgefühl
- Kompetenzentwicklung und Selbstwirksamkeit
- Motivation und Engagement
- Persönliche Entwicklung und Karriereplanung
- Vernetzung und Kommunikation
- Werte- und Kulturintegration
- Wissensvermittlung und Orientierung

Tipps zur Umsetzung
Die erste Zeit Ihrer Auszubildenden ist eine prägende Phase, die die Weichen für die zukünftige Entwicklung stellt. Diese Phase sollte als eine in sich geschlossene Einführungsveranstaltung – die sogenannten Einführungswochen – organisiert werden.

Durch eine Kombination aus aktiven Modulen und theoretischen Einheiten wird eine ausgewogene Einführung gewährleistet. Die aktiven Module fördern die Interaktion und das praktische Verständnis der Unternehmensprozesse, während die theoretischen Einheiten notwendiges Fachwissen vermitteln.

Es hilft, hier zur Unterstützung zum Beispiel das IWG-Modell (siehe Abschn. 2.3) zu nutzen, das eine ausgewogene Implementierung geeigneter Methoden und effektive Verankerung des Gelernten strukturiert und sicherstellt.

Die Vorstellung der Stakeholder bildet einen weiteren wichtigen Bestandteil dieser Phase. Dabei lernen die Azubis nicht nur Ansprechpartner kennen, sondern erhalten auch erste Einblicke in das Arbeitsfeld des Unternehmens. Die gezielte Vorstellung von Schlüsselpersonen und Abteilungen fördert das Verständnis für die Unternehmensdynamik und erleichtert die spätere Integration.

> Trennen Sie die Einführungswochen bewusst vom ersten Praxiseinsatz und ermöglichen Sie es Ihren Azubis, in einem ruhigen und strukturierten Umfeld „einzuatmen" und sich auf die neuen Herausforderungen vorzubereiten.

Durch die Trennung der ersten Einführungsphase vom direkten Praxiseinsatz erhalten die Azubis die Gelegenheit, sich voll und ganz auf die Aufnahme neuer Informationen und die Eingewöhnung in das Unternehmen zu konzentrieren. Diese gezielte Herangehensweise trägt dazu bei, dass die Auszubildenden besser auf ihre zukünftigen Aufgaben vorbereitet sind und sich sicherer in ihrem neuen Umfeld bewegen können.

Darüber hinaus ermöglichen Einführungsphasen den Ausbildungsverantwortlichen eine wertvolle Gelegenheit, die neuen Azubis noch besser kennenzulernen. Durch die Interaktion, sei es in aktiven Modulen oder während theoretischer Einheiten, erhalten die Verantwortlichen Einblicke in die individuellen Fähigkeiten, Interessen und Lernstile der Auszubildenden. Diese Erkenntnisse können dazu dienen, geplante Einsatzgebiete zu überdenken und Projekte individuell anzupassen und somit bereits in dieser frühen Phase der Ausbildung einen auf die Person maßgeschneiderten Entwicklungsplan für jeden Azubi zu erstellen.

Ein weiterer zentraler Aspekt dieser Phase ist der Aufbau eines eigenen Netzwerks innerhalb des neuen Azubijahrgangs. Die Schaffung von Netzwerkmöglichkeiten fördert Beziehungen und Teamgeist unter den Auszubildenden. Gemeinsame Aktivitäten und Gruppenprojekte tragen dazu bei, eine unterstützende Gemeinschaft zu bilden, in der Wissen geteilt, Herausforderungen gemeinsam bewältigt und soziale Bindungen geknüpft werden.

Durch gut organisierte Einführungswochen tragen Sie zur:

- Sicherheit und Compliance,
- Kompetenzentwicklung und Passung,
- Rollenfindung und Identitätsbildung,
- Stressprävention und -bewältigung sowie zum
- organisationalen Commitment

bei.

Die Passung und das organisationale Commitment stehen in direktem Zusammenhang mit der Übereinstimmung der individuellen Werte und Normen des neuen Azubis mit denen des Unternehmens. Eine hohe Übereinstimmung fördert das Commitment, was wiederum zu geringerer (Früh-)Fluktuation der Azubis und gesteigerter Einsatzbereitschaft führt. Neben den sofort erkennbaren Vorteilen ermöglicht eine durchdachte Einführungsveranstaltung auch ein gesteigertes Gefühl der Zugehörigkeit und Loyalität.

Um eine umfassende und interaktive Einführungsveranstaltung für neue Auszubildende zu planen, die zwei bis drei Wochen läuft, und Ausflüge, Aktivitäten, Vorstellungen sowie weitere innovative Ideen beinhaltet, sollten Sie sich folgende Fragen bei der Vorbereitung stellen:

> **Ziele und Inhalte der Einführungsphase**
> - Welche Kernbotschaften und Unternehmenswerte sollen den Auszubildenden vermittelt werden?
> - Wie können die geplanten Aktivitäten und Exkursionen zur Vermittlung dieser Kernbotschaften beitragen?

3 Praktische Integration

Planung von Exkursionen und Aktivitäten
- Welche internen und externen Standorte eignen sich für Exkursionen, um den Auszubildenden einen umfassenden Einblick in das Unternehmen zu bieten?
- Welche interaktiven Aktivitäten können integriert werden, um Teamarbeit und Netzwerkbildung unter den Auszubildenden zu fördern?

Vorstellung der Bereichsleitungen und Abteilungen
- Welche Abteilungen und Bereiche sollen vorgestellt werden, und wer sind die entsprechenden Ansprechpartner?
- Wie kann sichergestellt werden, dass die Vorstellungen engagierend und informativ gestaltet sind?

Integration weiterer Ideen
- Gibt es spezielle Projekte oder Aufgaben, die den Auszubildenden während der Einführungsphase übertragen werden können?
- Welche kreativen oder innovativen Elemente können das Programm bereichern und den Auszubildenden eine einzigartige Erfahrung bieten?

Logistik und Organisation
- Wie wird die Logistik für Exkursionen und externe Aktivitäten gehandhabt (Transport, Verpflegung, Sicherheit)?
- Wie wird der Zeitplan gestaltet, um eine abwechslungsreiche und ausgewogene Erfahrung zu gewährleisten?

Feedback und Evaluation
- Wie wird das Feedback der Auszubildenden zu den verschiedenen Bestandteilen der Einführungsveranstaltung eingeholt und ausgewertet?
- Wie können die Erkenntnisse aus dem Feedback für zukünftige Einführungsveranstaltungen genutzt werden?

3.3.1.4 Informationspakete

Informationspakete sind bestenfalls physisch zusammengestellte Pakete, die den angehenden Auszubildenden alle notwendigen Unterlagen, einen umfassenden Überblick über den weiteren Pre- und Onboarding-Prozess sowie weitere relevante Inhalte bereitstellen. Um den Prozess für die Auszubildenden so transparent und unterstützend wie möglich zu gestalten, sollten diese physischen Pakete über die grundlegenden Informationen beziehungsweise Vertragsunterlagen hinausgehen. So ist es möglich verschiedene Goodies und kleine Aufmerksamkeiten wie T-Shirts, Tassen, Notizbücher oder anderes firmenspezifisches Merchandise zu integrieren (siehe auch „Abschn. 3.3.1.2"). Ziel des Pakets ist es, für Transparenz und Prozessklarheit zu sorgen.

Die (zusätzliche) Bereitstellung einer digitalen Version des Informationspakets über eine Unternehmens-App, per E-Mail oder ein Intranet kann den Zugang zu den Informationen vereinfachen und den Auszubildenden ermöglichen, jederzeit und ortsunabhängig darauf zurückzugreifen.

Zuordnung

- Preboarding

Schlüsseldimensionen

- Bindung und Zugehörigkeitsgefühl
- Wissensvermittlung und Orientierung

Tipps zur Umsetzung

> Fügen Sie dem Paket eine Checkliste sowie einen frankierten und bereits adressierten Rückumschlag bei. Die Checkliste hilft Ihren Auszubildenden dabei, die Unterlagen korrekt auszufüllen und in der richtigen Anzahl und die richtige Adresse zurückzusenden.

Das Paket sollte wichtige Bestandteile beinhalten, wie z. B.:

Willkommensbrief Ein persönlicher Gruß von der Geschäftsführung oder der Ausbildungsleitung, der die neuen Auszubildenden willkommen heißt und die Freude über den Ausbildungsbeginn hervorhebt.

HR-Dokumente Eine Sammlung wichtiger HR-Dokumente, einschließlich Arbeitsverträge, Datenschutzrichtlinien und Informationen zur betrieblichen Gesundheitsvorsorge oder über den weiteren Prozess, die klar strukturiert und leicht verständlich aufbereitet sind.

Zugangsdaten Detaillierte Informationen zu wichtigen Passwörtern und Login-Informationen für Unternehmenssysteme und -plattformen, um den Auszubildenden einen sofortigen Zugang zu allen notwendigen Tools und Ressourcen zu ermöglichen.

Unternehmensstruktur Ein Überblick über Organigramme und Teamstrukturen, der es den Auszubildenden erleichtert, die Unternehmenshierarchie und die wichtigsten Ansprechpartner in ihrem Arbeitsumfeld zu verstehen.

Ein gut strukturiertes Informationspaket erleichtert den Einstieg der Auszubildenden, indem es ihnen hilft, sich im neuen Arbeitsumfeld zurechtzufinden. Es trägt dazu bei, Unsicherheiten zu reduzieren und das Engagement für die bevorstehende Ausbildung zu steigern.

Achten Sie darauf, dass das Paket inhaltlich aufbereitet und in einer ansprechenden und einladenden Art gestaltet ist. Es kann hilfreich sein, das Paket zuerst intern zu testen, um sicherzustellen, dass es die gewünschten Informationen klar und verständlich vermittelt und bei Ihren zukünftigen Auszubildenden positiv ankommt. Nutzen Sie die Gelegenheit, um zu zeigen, dass sie geschätzt werden, z. B. durch personalisierte Elemente und warme, ansprechbare Kommunikation.

Die Informationspakete sollten rechtzeitig vor dem ersten Arbeitstag zusammengestellt und an die Auszubildenden gesendet werden. Eine leicht verständliche und gut strukturierte Sprache hilft, einen klaren Überblick über ihre Aufgaben und den Inhalt zu erhalten.

> **Fragen**
> - Beinhaltet das Informationspaket eine herzliche Begrüßung und Glückwünsche zur Annahme Ihrer Stelle?
> - Sind wichtige Informationen zu Arbeitszeiten, Dresscode und den mitzubringenden Dingen am ersten Tag enthalten?
> - Umfasst das Informationspaket eine Auflistung der ersten wichtigen Termine für Orientierungsgespräche, Einführungsveranstaltungen und gemeinsame Mittagessen?
> - Beinhaltet das Informationspaket die Kontaktdaten für eventuelle Fragen und den Bedarf nach weiteren Informationen?
> - Ist der Ton des Informationspakets warm und einladend gestaltet, um eventuelle Unsicherheiten zu beseitigen und ihre Vorfreude auf den neuen Job zu steigern?

Darüber hinaus können kleine physische und digitale Incentives eine aufregende Ergänzung zum Informationspaket sein, die die Kultur und das Ethos des Unternehmens widerspiegeln. Der Übergang zum Carepaket (siehe Abschn. 3.3.1.2) ist hier fließend.

3.3.1.5 Interaktive Module

Interaktive Module sind digitale Lerneinheiten, die so gestaltet sind, dass Auszubildende aktiv mit den Inhalten interagieren können, anstatt nur passiv Informationen zu konsumieren. Durch die Einbindung von Elementen wie Klickpfaden, Drag-and-Drop-Aufgaben, interaktiven Grafiken, Simulationen und Quizzes ermöglichen diese Module eine themenzentrierte Aneignung des Lernstoffs. Die Interaktivität fördert zudem das Engagement und die aktive Beteiligung der Lernenden, was das Verständnis und die Merkfähigkeit der Inhalte steigern kann.

Zuordnung

- Preboarding
- Onboarding

Schlüsseldimensionen

- Kompetenzentwicklung und Selbstwirksamkeit
- Werte- und Kulturintegration
- Wissensvermittlung und Orientierung

Tipps zur Umsetzung
Die Gestaltung dieser Module kann zum Beispiel in Online-Portalen sowie digitale und auch physische Informationspakete (z. B. als Verlinkung) integriert werden und eine Reihe von interaktiven und informativen Elementen umfassen.
Dazu zählen zum Beispiel:

- Virtuelle Rundgänge durch die Unternehmensgebäude oder -standorte, die den Auszubildenden ermöglichen, ihren Arbeitsplatz vorab kennenzulernen.
- Simulierte Arbeitsaufgaben, die realistische Szenarien aus dem Arbeitsalltag nachbilden und zur Lösungsfindung anregen.
- Personalisierte Lernpfade, die sich an den individuellen Fortschritt und Interessen der Auszubildenden anpassen.
- Interaktive FAQs, in denen häufig gestellte Fragen auf dynamische Weise beantwortet werden, um Unsicherheiten effektiv zu begegnen.
- Quizze zur Selbstüberprüfung, die das erworbene Wissen über das Unternehmen und seine Prozesse festigen.
- Diskussionsforen oder Chaträume, die den Austausch zwischen neuen und bestehenden Mitarbeitern fördern und so ein Gefühl der Gemeinschaft stärken.
- Digitale „Schatzsuchen", bei denen durch das Lösen von Aufgaben und Rätseln versteckte Informationen über das Unternehmen entdeckt werden können.
- E-Portfolios, in denen die Auszubildenden ihre Lernerfolge dokumentieren und reflektieren können.

Interaktive Module bieten den Vorteil, dass sie Auszubildenden helfen, eine Verbindung zum Unternehmen aufzubauen. Durch die multimediale und aktionsfördernde Art kann das Engagement und Interesse gesteigert werden.

Für die erfolgreiche Implementierung sind folgende Punkte zu beachten:

- Geschichten zu erzählen, bringt die Inhalte zum Leben und macht sie fühlbar.
- Durch das Nutzen einer Vielfalt an Medien wie Geschriebenes, Bilder, Videos und Töne wird das Lernen bunter und vielschichtiger.
- Das Einbeziehen von interaktiven Bestandteilen wie Rätseln und Abstimmungen weckt Neugier und fördert die Mitwirkung.
- Es ist bedeutsam, die Lerninhalte genau auf die Bedürfnisse der Auszubildenden abzustimmen, damit sie wirklich relevant sind.
- Die Lehrmaterialien sollten überall und auf allen Geräten problemlos erreichbar sein.
- Durch das Sammeln von Rückmeldungen können wir die Lehrmaterialien laufend verbessern.
- Es ist wichtig, dass die vermittelten Informationen nicht nur präzise, sondern auch echt sind.
- Bei der Aufbereitung der Inhalte sollten wir uns auf das konzentrieren, was auch heute noch Bedeutung hat.
- Die Möglichkeit, Inhalte einfach zu aktualisieren, sorgt dafür, dass die Lernangebote immer auf dem neuesten Stand bleiben.
- Wenn wir aktuelle Mitarbeiter und Führungskräfte mit einbeziehen, verleihen wir den Inhalten mehr Glaubwürdigkeit und fördern das Engagement.

3.3.1.6 Online-Portale

Online-Portale oder Intranet-Auftritte sind digitale Plattformen, die als zentrale Anlaufstelle für neue Auszubildende dienen, um wichtige Informationen über das Unternehmen, seine Kultur und die bevorstehende Tätigkeit zu erhalten. Sie bieten eine interaktive und benutzerfreundliche Möglichkeit, den Auszubildenden einen umfassenden Einblick in das Unternehmen zu geben, bevor sie ihren ersten Ausbildungstag antreten.

Zuordnung

- Preboarding
- Onboarding

Schlüsseldimensionen

- Bindung und Zugehörigkeitsgefühl
- Vernetzung und Kommunikation
- Werte- und Kulturintegration
- Wissensvermittlung und Orientierung

Tipps zur Umsetzung
Online-Portale können eine Vielzahl von Ressourcen bieten, um die Auszubildenden optimal auf ihren neuen Lebensabschnitt vorzubereiten. Dazu gehören:

- Zugang zu wichtigen Unternehmensdokumenten wie Arbeitsverträgen und Formularen
- Informationen über die Unternehmenskultur, -werte und -richtlinien
- Einblicke in die Organisationsstruktur und Teamzusammensetzungen
- Anleitungen und Schulungsmaterialien für die verwendeten Technologien und Systeme
- Möglichkeiten zur Kontaktaufnahme mit zukünftigen Kollegen oder Buddies für Fragen und zur Vorbereitung auf den neuen Lebensabschnitt

Die Nutzung von Online-Portalen im Preboarding bietet mehrere Vorteile. Sie erleichtern den Übergang in den neuen Lebensabschnitt, indem sie bereits vor Ausbildungsbeginn wichtige Informationen bereitstellen. Dies reduziert Unsicherheiten und ermöglicht es den Auszubildenden, sich von Anfang an unterstützt und gut informiert zu fühlen. Durch die Vorabklärung administrativer Aufgaben und die frühzeitige Einführung in die Unternehmenskultur werden zudem Grundsteine für einen entspannten und produktiven Onboarding-Prozess gelegt.

Ein erfolgreiches Online-Portal im Preboarding sollte nicht nur für die anfängliche Einarbeitung, sondern auch für das Onboarding und die gesamte Ausbildungszeit konzipiert sein. Dies bedeutet, dass das Portal flexibel genug sein sollte, um sich an die sich ändernden Bedürfnisse und Anforderungen der Auszubildenden anzupassen. Es sollte als fortlaufende Ressource dienen, auf die Auszubildende während ihrer gesamten Ausbildung zurückgreifen können, sei es für Schulungsmaterialien, Updates zu Unternehmensrichtlinien oder als Plattform für den Austausch und die Vernetzung mit Kollegen.

> **Wichtige Fragen für die Umsetzung sind**
> - Ist das Portal skalierbar und flexibel für eine langfristige Nutzung gestaltet?
> - Unterstützt das Portal die Integration fortlaufender Lern- und Entwicklungsressourcen?
> - Lassen sich Inhalte im Portal einfach aktualisieren, um auf sich ändernde Anforderungen zu reagieren?
> - Kann das Portal die kontinuierliche Interaktion und Vernetzung zwischen den Auszubildenden unterstützen?
> - Besteht die Möglichkeit, das Portal um neue Funktionen und Module zu erweitern?
> - Wie wird ein nahtloser Übergang vom Preboarding zum Onboarding und darüber hinaus durch das Portal unterstützt?
> - Werden Support und Hilfsmittel für verschiedene Ausbildungsphasen durch das Portal bereitgestellt?
> - Fördert das Portal die Eigeninitiative und das Selbststudium der Auszubildenden?
> - Sind Feedbackmechanismen im Portal integriert?
> - Wie werden Datenschutz und die sichere Handhabung persönlicher Informationen im Portal gewährleistet?

3.3.1.7 Podcasts

Podcasts sind digitale Audio- oder manchmal auch Videoinhalte, die in Serienform veröffentlicht werden. Auszubildende und andere Hörer können sie abonnieren und herunterladen, um sie anschließend jederzeit und überall anzuhören oder anzusehen. Im Kontext der Ausbildung und der Integration neuer Auszubildender können sie Themen wie Unternehmenskultur, Werte, spezifische Abteilungsfunktionen oder Erfahrungsberichte aktueller und ehemaliger Auszubildender umfassen. Die Produktion kann intern mit einfachen Aufnahmegeräten oder in professionellen Studios erfolgen. Es gibt die Möglichkeit, die Podcasts ausschließlich eines ausgewählten Kreises von Hörern (intern) oder auch einer breiten Öffentlichkeit (extern) zugänglich zu machen.

> Binden Sie Gastredner aus verschiedenen Unternehmensbereichen ein. Diese Experten können wertvolle Einblicke in ihre spezifischen Arbeitsfelder geben, unterschiedliche Perspektiven beleuchten und so die Themenvielfalt und Relevanz Ihres Podcasts bereichern.

Zuordnung

- Preboarding
- Onboarding

Schlüsseldimensionen

- Bindung und Zugehörigkeitsgefühl
- Motivation und Engagement
- Vernetzung und Kommunikation
- Werte- und Kulturintegration
- Wissensvermittlung und Orientierung

Tipps zur Umsetzung
Für die Erstellung eines Podcasts können Sie mit einem grundlegenden Equipment wie ein integriertes oder ein USB-Mikrofon sowie Kopfhörer starten. Bestenfalls setzen Sie, um eine höhere Qualität zu erhalten, zusätzlich einen Popschutz und einen Ständer ein. Zusätzlich sollten Sie Software für die Aufnahme und Postproduktion einplanen. Hier können Sie unter anderem auf *Garageband* für macOS oder *Audacity* für Windows, Linux und macOS zurückgreifen. Für Remote-Aufnahmen sind Tools wie *Riverside*, *Squadcast* oder auch *Zencastr* hilfreich. Eine ruhige Aufnahmelocation ist essenziell, um Hintergrundgeräusche zu

minimieren. Für die Sicherung Ihrer Aufnahmen sollten Sie auf externe Festplatten oder Cloud-Speicher zurückgreifen.

Podcasts ermöglichen eine flexible Informationsvermittlung, mit der neue Auszubildende jederzeit und überall Zugang zu den bereitgestellten Inhalten haben. Durch das Erzählen von Geschichten (Storytelling) und Teilen persönlicher Erfahrungen fördern Podcasts eine stärkere persönliche Verbindung zum Unternehmen. Außerdem unterstützen sie eine moderne Lernkultur, indem die Möglichkeit besteht, komplexe Themen auf leicht verständliche Weise zu präsentieren. Podcasts sind auch effizient, da sie einmal produziert, dauerhaft zur Verfügung stehen.

Für die erfolgreiche Implementierung von Podcasts als Teil des Pre- und Onboarding-Prozesses gibt es verschiedene Plattformen, auf denen Sie Ihre Podcasts hosten und veröffentlichen können. Hier sind einige ausgewählte Optionen (Stand Januar 2025):

- **Podbean**, https://www.podbean.com
- **Transistor,** https://transistor.fm
- **Captivate**, https://www.captivate.fm
- **Castos**, https://castos.com
- **Podigee**, https://www.podigee.com

Bei der Auswahl einer Hosting-Plattform sollten Sie folgende Punkte berücksichtigen:

- **Einfachheit der Verwendung**: Wählen Sie eine Plattform, die eine einfache Bedienung und schnelle Einrichtung ermöglicht.
- **Verbreitung**: Achten Sie darauf, dass die Plattform eine breite Distribution Ihres Podcasts auf allen wichtigen Plattformen unterstützt.
- **Anpassungsfähigkeit**: Stellen Sie sicher, dass die Plattform die Möglichkeit bietet, den Podcast-Player auf Ihrer Webseite einzubinden und anzupassen.
- **Analytik**: Nutzen Sie die Analyse-Tools der Plattform, um Einblicke in das Hörverhalten zu erhalten und Ihren Podcast entsprechend anzupassen.
- **Kosten**: Vergleichen Sie die Preise und Leistungen der verschiedenen Anbieter, um das beste Angebot für Ihre Bedürfnisse zu finden.

3.3.1.8 Ted-Style-Talks

Diese Vorträge, angelehnt an die TEDx-Vorträge, bieten Einblicke in Themen wie Kommunikation, Teamarbeit, Problemlösung oder auch emotionale Intelligenz. Sie können sowohl live als auch aufgezeichnet angeboten werden, um Flexibilität in der Vermittlung zu gewährleisten. Diese Vorträge sind typischerweise kurz (oft nicht länger als 20 Minuten) und werden so gestaltet, dass sie das Publikum fesseln, zum Nachdenken anregen und motivieren.

Zuordnung

- Onboarding

Schlüsseldimensionen

- Motivation und Engagement
- Vernetzung und Kommunikation
- Werte- und Kulturintegration
- Wissensvermittlung und Orientierung

Tipps zur Umsetzung
Für Ted-Style-Talks im Onboarding benötigen Sie einige nur wenige Ressourcen, darunter einen Raum mit guter Akustik. Sofern Sie die Talks aufnehmen wollen, empfiehlt es sich, auf ein professionelles Studio für die Aufnahme, hochwertige Mikrofone und Beleuchtung, um die Redner ins rechte Licht zu rücken, zurückzugreifen. Außerdem ist eine zuverlässige Aufnahme- und Schnittsoftware notwendig, um die Talks in der Postproduktion zu bearbeiten und für die Veröffentlichung vorzubereiten. Es kann auch sinnvoll sein, einen Moderator für die Gestaltung und Durchführung der Talks hinzuzuziehen, um sicherzustellen, dass die Inhalte ansprechend und wirkungsvoll vermittelt werden.

Ted-Style-Talks bieten im Vergleich zu traditionellen Ansätzen diverse Vorteile. Sie präsentieren komplexe Themen in meist fesselnder sowie zugänglicher Weise und fördern durch Storytelling eine tiefere emotionale Verbindung. Diese Methode unterstützt das visuelle und auditive Lernen, erhöht das Engagement und die Aufmerksamkeit der Auszubildenden. Im Gegensatz zu herkömmlichen Schulungen beziehungsweise Vorträgen, die oft textlastig und theoretisch sind, ermöglichen Ted-Style-Talks eine inspirierende und motivierende Lernerfahrung, die zur Kultur und den Werten des Unternehmens passt.

> Nutzen Sie interaktive Elemente, um das Engagement zu fördern, wie z. B. Live-Umfragen oder Q&A-Sessions. Binden Sie auch multimediale Inhalte (siehe Abschn. 3.3.1.5) ein, um die Vorträge lebendiger zu gestalten. Überlegen Sie sich, ob es sinnvoll ist, die Talks in kleinere Lerneinheiten aufzuteilen, um die Flexibilität für die Auszubildenden zu erhöhen.

3.3.2 Kultur und Willkommen

3.3.2.1 Carepakete

Carepakete im Preboarding-Prozess sprechen im Wesentlichen die emotionale Ebene neuer Auszubildender an. Im Gegensatz zu den eher informationszentrierten Ansätzen der Informationspakete (siehe Abschn. 3.3.1.1) zielen sie darauf ab, den neuen Auszubildenden bereits vor Ausbildungsbeginn ein Gefühl der Zugehörigkeit und Wertschätzung zu vermitteln. Diese Pakete können Unternehmensmerchandise, Süßigkeiten oder andere unternehmensrelevante Aufmerksamkeiten enthalten.

Zuordnung

- Preboarding

Schlüsseldimensionen

- Bindung und Zugehörigkeitsgefühl
- Vernetzung und Kommunikation
- Werte- und Kulturintegration
- Wissensvermittlung und Orientierung

Tipps zur Umsetzung

> Integrieren Sie – wenn möglich – die Produkte Ihres Unternehmens. So geben Sie Orientierung und fördern das aktive Engagement. Carepakete können mit Informationspaketen kombiniert werden oder aber als zusätzliches Element im Preboarding integriert werden. So verkürzen Sie den Abstand der Kontaktpunkte bis zum ersten Ausbildungstag.

Carepakete ergänzen oder kombinieren das Informationspaket und geben eine persönliche Note. Geben Sie sich Mühe und individualisieren Sie das Paket – ein herzliches und individuelles Willkommensschreiben von der Geschäfts- oder der Ausbildungsleitung gehören in das Paket, genauso wie persönliche und unternehmensspezifische Goodies, die das Paket ansprechend gestalten und das Gefühl der Zugehörigkeit verstärken. Ziel des Pakets sollte es sein, nicht als Informationsquelle zu dienen, sondern auch Motivation und Vorfreude auf die bevorstehende Ausbildung wecken.

Achten Sie darauf, die Pakete rechtzeitig zu versenden und dass die Zusammenstellung sowohl physisch ansprechend als auch wertvoll aufbereitet ist.

Ideen für digitale und physische Incentives, die in das Paket integriert werden können, sind:

- Personalisierte digitale Grußkarten oder (verlinkte) Videobotschaften der Ausbildungsleitung, von Auszubildenden sowie Teammitgliedern und Führungskräften, um eine persönliche Verbindung herzustellen
- Online-Gutscheincodes für Unternehmensprodukte oder Partnerdienstleistungen
- Virtuelle Touren durch das Unternehmen, die einen ersten Blick in die Arbeitsumgebung ermöglichen
- Interaktive E-Books oder Podcasts über die Unternehmensgeschichte und -werte, um das Verständnis und die Identifikation mit dem Unternehmen zu fördern
- Download-Links für firmeninterne Apps und Intranets, damit die Auszubildenden sich mit den wichtigsten sozialen Werkzeugen vertraut machen können

3.3.2.2 Lunch-Roulette und Lunch-Match

Lunch-Roulette und Lunch-Match sind Methoden im Onboarding-Prozess, die darauf abzielen, neue Auszubildende spielerisch und unkompliziert mit sich und ihren Kollegen zu vernetzen. Sie können mit dem Welcome-Brunch und -Lunch (siehe Abschn. 3.3.2.2) kombiniert werden. Beim Lunch-Roulette werden die Teilnehmer zufällig für gemeinsame Mittagessen gepaart, wodurch sie die Möglichkeit erhalten, unterschiedliche Personen aus verschiedenen Abteilungen kennenzulernen. Ein Lunch-Match hingegen setzt auf eine gezielte Zusammenführung, basierend auf gemeinsamen Interessen, Projekten, Einsatzbereichen oder Abteilungszugehörigkeiten. Beide Konzepte fördern den Austausch und das Kennenlernen in einer informellen Atmosphäre und unterstützen so die soziale Integration der Auszubildenden ins Unternehmen.

Zuordnung

- Onboarding

Schlüsseldimensionen

- Bindung und Zugehörigkeitsgefühl
- Vernetzung und Kommunikation

Tipps zur Umsetzung

Planung und Durchführung Als Ausbildungsverantwortliche sollten Sie eine Plattform oder ein System etablieren, das die Zuteilung der Teilnehmer auf eine faire und effiziente Weise ermöglicht. Bestenfalls können Sie auf digitale Tools zurückgreifen, die auf Basis von Zufallsgeneratoren oder spezifischen Matching-Kriterien arbeiten.

Berücksichtigung unterschiedlicher Konstellationen Um die Vielfalt der Begegnungen zu erhöhen, sollten bei der Zusammenstellung der Lunch-Paare oder -Gruppen verschiedene Konstellationen berücksichtigt werden. Dazu gehört die Mischung von Auszubildenden unterschiedlicher Fachbereiche sowie die Kombination von neuen und bereits etablierten Mitarbeitern.

Anleitung durch Ausbildungsverantwortliche Die Ausbildungsverantwortlichen spielen eine Schlüsselrolle bei der Einführung und Begleitung des Lunch-Roulette oder Lunch-Match Programms. Sie können im Vorfeld als Ansprechpartner für Fragen und Feedback dienen und sollten regelmäßig überprüfen, wie gut das Programm angenommen wird und ob es den gewünschten Effekt auf die Integration neuer Auszubildender hat.

Strukturierte und themenbezogene Optionen anbieten Während die informelle und zwanglose Natur dieser Mittagessen eine ihrer Stärken ist, kann die Einführung von strukturierten oder themenbezogenen Optionen den Austausch weiter fördern (siehe auch Abschn. 3.3.2.2). Themen können dabei von aktuellen Projekten im Unternehmen bis hin zu allgemeinen Interessengebieten reichen, was den Teilnehmern hilft, gemeinsame Gesprächsgrundlagen zu finden.

3.3.2.3 Persönliche Nachrichten

Persönliche Nachrichten oder Glückwünsche zu besonderen Anlässen sind individuell gestaltete Nachrichten oder Karten in Form von Anerkennungen und Wertschätzungen für neue Auszubildende, die wichtige persönliche oder berufliche Meilensteine in ihrem Leben feiern.

Zuordnung

- Preboarding
- Onboarding

Schlüsseldimensionen

- Bindung und Zugehörigkeitsgefühl
- Motivation und Engagement

Tipps zur Umsetzung
Die Methode kann vielfältige Formen annehmen. Mögliche Einsatzfelder sind:

Geburtstage Ein persönlicher Glückwunsch, sei es durch eine Karte, eine E-Mail oder eine kleine Feier im Team, kann einem neuen Auszubildenden das Gefühl geben, geschätzt und als Teil des Teams angesehen zu werden.

Jubiläen Die Anerkennung von Jubiläen, auch wenn diese noch so kurz sind, wie z. B. die ersten 100 Tage im Unternehmen, kann die Bindung stärken und den Stolz auf die eigene Leistung erhöhen.

Erfolgreicher Abschluss der Probezeit Ein Glückwunsch zur erfolgreichen Beendigung der Probezeit zeigt Anerkennung für die geleistete Arbeit und das Engagement des neuen Mitarbeiters.

Berufliche und persönliche Erfolge Die Anerkennung von beruflichen Qualifikationen, Weiterbildungen oder persönlichen Meilensteinen, wie dem Abschluss eines Studiums oder Zertifikats während der Ausbildung, stärkt das Selbstbewusstsein und fördert die persönliche Entwicklung.

Die Vorteile persönlicher Glückwünsche zu besonderen Anlässen im Rahmen von Preboarding und Onboarding sind vielfältig und tragen wesentlich zu einer positiven Bindung Ihrer Auszubildenden an Ihr Unternehmen bei:

Anerkennung der individuellen Mühe Indem Sie die individuellen Leistungen und Meilensteine Ihrer Auszubildenden anerkennen, vermitteln Sie Wertschätzung, was sich positiv auf das Selbstwertgefühl der

Auszubildenden und die Motivation auswirkt. Nebeneffekte können ein gesteigertes Engagement und eine erhöhte Leistungsbereitschaft sein.

Förderung des individuellen Ansatzes Persönliche Glückwünsche zeigen, dass das Unternehmen den Einzelnen sieht und schätzt, nicht nur die Arbeitskraft. Dieser individuelle Ansatz trägt dazu bei, eine persönlichere Beziehung zwischen Ihnen und Ihren Auszubildenden aufzubauen.

Zeichen der Anerkennung und des Respekts Durch die Anerkennung besonderer Anlässe zeigen Sie Anerkennung für die Person hinter der Arbeitsleistung. Dies fördert bereits frühzeitig eine Kultur der Anerkennung, die über die berufliche Leistung Ihrer Auszubildenden hinausgeht und persönliche Errungenschaften und Meilensteine würdigt.

Verstärkung des Gemeinschaftsgefühls Die gemeinsame Feier besonderer Anlässe stärkt darüber hinaus das Gemeinschaftsgefühl und die sozialen Bindungen innerhalb des Teams und des Unternehmens.

Für die effektive Umsetzung von Glückwünschen zu besonderen Anlässen im Rahmen von Preboarding und Onboarding ist ein strukturierter Plan entscheidend.

Hier ist eine Anleitung, wie Sie diesen Plan erstellen können:

Erfassung und Organisation der Daten Beginnen Sie mit der Erstellung einer Datenbank aller aktuellen und zukünftigen Auszubildenden und Mitarbeiter, einschließlich wichtiger.

Festlegung der Anlässe Identifizieren Sie, welche besonderen Anlässe davon persönliche Glückwünsche erfordern. Dazu gehören typischerweise Geburtstage, Arbeitsjubiläen, Abschluss der Probezeit, erfolgreicher Abschluss von Ausbildungs- oder Weiterbildungsprogrammen und eventuell persönliche Meilensteine wie Hochzeiten oder Geburten.

Entscheidung über die Art der Anerkennung Bestimmen Sie, wie Sie die Glückwünsche übermitteln möchten. Das kann von persönlichen

Karten, E-Mails, digitalen Nachrichten bis hin zu kleinen Geschenken oder Teamfeiern variieren, je nach Bedeutung des Anlasses.

> Nutzen Sie eine systemische Unterstützung, um die Verwaltung und Durchführung dieser persönlichen Glückwünsche zu besonderen Anlässen effizient zu gestalten. Tools wie Outlook oder spezialisierte Software für das Personalmanagement können dabei helfen, Geburtstage, Jubiläen und andere wichtige Daten automatisch zu erfassen und zu verwalten. Setzen Sie Erinnerungen für anstehende Anlässe, um sicherzustellen, dass kein wichtiger Moment übersehen wird.

3.3.2.4 Trivia-Abende und Happy Hours

Trivia-Abende und Happy Hours sind gesellige Veranstaltungen, die das Gemeinschaftsgefühl stärken und den Austausch unter den Teilnehmenden anregen. Der Begriff „Trivia" stammt ursprünglich aus dem Lateinischen, wo „trivium" eine Kreuzung dreier Wege bedeutet. Im mittelalterlichen Bildungssystem bezeichnete das Trivium die drei grundlegenden Fächer der freien Künste: Grammatik, Rhetorik und Logik. Bei Trivia-Abenden werden oft Quizspiele gespielt, bei denen die Teilnehmenden ihr Wissen in verschiedenen Bereichen unter Beweis stellen können. Diese Art von Event kann sowohl wettbewerbsorientiert als auch einfach zum Spaß gestaltet werden und bietet eine hervorragende Gelegenheit, die Teamarbeit und den Zusammenhalt zu fördern. Trivia-Abende können in Abhängigkeit der gewählten Spiele in Präsenz oder auch virtuell organisiert werden.

Happy Hours hingegen sind eher lose, informelle Zusammenkünfte, oft nach der Arbeit, bei denen Getränke und Snacks angeboten werden. Diese Veranstaltungen dienen dazu, die sozialen Beziehungen zu stärken, das Zugehörigkeitsgefühl zu erhöhen und den Auszubildenden eine entspannte Atmosphäre für den Austausch und das Kennenlernen zu bieten.

Zuordnung
- Onboarding

Schlüsseldimensionen

- Bindung und Zugehörigkeitsgefühl
- Vernetzung und Kommunikation

Tipps zur Umsetzung

Regelmäßigkeit und Planung Etablieren Sie regelmäßige Treffen, um Kontinuität zu gewährleisten und den Auszubildenden etwas zu bieten, auf das sie sich freuen können. Planen Sie die Veranstaltungen sorgfältig, inklusive Ort, Zeitpunkt und Programm, um eine reibungslose Durchführung sicherzustellen.

Inklusion und Diversität Gestalten Sie die Events so, dass sich alle Teilnehmenden willkommen und einbezogen fühlen. Dies beinhaltet die Berücksichtigung verschiedener Interessen sowie die Sicherstellung der Zugänglichkeit für alle.

Themenwahl und Engagement Wählen Sie für die Trivia-Abende Themen, die eine breite Palette von Interessen abdecken und zur aktiven Teilnahme anregen. Abwechslungsreiche und interessante Fragen können das Engagement und den Spaßfaktor erhöhen.

Feedback und Anpassung Holen Sie nach den Veranstaltungen Feedback von den Teilnehmenden ein, um zukünftige Events besser auf deren Wünsche und Bedürfnisse abzustimmen. Nutzen Sie dieses Feedback, um die Formate kontinuierlich zu verbessern und anzupassen.

Kommunikation und Bewerbung Informieren Sie die Auszubildenden rechtzeitig und umfassend über die geplanten Events, um eine hohe Teilnahmequote zu erreichen. Nutzen Sie dabei verschiedene Kommunikationskanäle wie E-Mail, interne Netzwerke oder Aushänge.

3.3.2.5 Unternehmensvideos

Unternehmensvideos dienen als visuelles Mittel zur Einführung neuer Auszubildender in die Kultur und Werte des Unternehmens. Durch ansprechend gestaltete Videos können Unternehmen nicht nur wichtige Informationen auf eine leicht verständliche und einprägsame Weise vermitteln, sondern auch eine emotionale Verbindung zwischen den Auszubildenden und dem Unternehmen herstellen. Videos bieten Einblicke in das Arbeitsumfeld, präsentieren Kernwerte des Unternehmens und teilen Erfolgsgeschichten oder Testimonials von Mitarbeitern, um ein umfassendes Verständnis der Unternehmenskultur zu fördern.

Zuordnung

- Preboarding
- Onboarding

Schlüsseldimensionen

- Bindung und Zugehörigkeitsgefühl
- Vernetzung und Kommunikation
- Werte- und Kulturintegration
- Wissensvermittlung und Orientierung

Tipps zur Umsetzung

Inhalte sorgfältig auswählen Entscheidend für die Wirksamkeit Ihrer Unternehmensvideos ist die Auswahl der Inhalte. Wählen Sie so aus, dass die Videos nicht nur informativ sind, sondern auch die Einzigartigkeit Ihrer Unternehmenskultur widerspiegeln. Die Darstellung der Unternehmensgeschichte, Mission, Vision und der zentralen Werte bietet einen guten Rahmen für die Inhalte.

Professionelle Produktion Eine hohe Qualität und professionelle Ausstrahlung der Videos können Sie ermöglichen, indem Sie in eine professionelle Produktion investieren. Dies beinhaltet die Zusammenarbeit mit erfahrenen Videoproduzenten, die Nutzung hochwertiger Aufnahmetechnik und den Einsatz von ansprechenden Grafiken und Animationen.

Einbindung von Mitarbeitern Um die Authentizität und Glaubwürdigkeit der Videos zu erhöhen, sollten echte Mitarbeiter in die Videos integriert werden. Interviews oder Testimonials von Mitarbeitern aus verschiedenen Abteilungen und Hierarchieebenen können den Auszubildenden vielfältige Perspektiven auf das Unternehmen bieten und die Identifikation mit dem Unternehmen stärken.

> Setzen Sie Ihre Kollegen in das Rampenlicht und machen Sie sie zu den Stars Ihrer Unternehmensvideos. Lassen Sie Geschichten mit Leidenschaft erzählen und nutzen Sie die Kraft des Storytellings, um authentische Emotionen zu wecken und die Auszubildenden zu fesseln.

Thematische Vielfalt und Struktur Die Videos sollten eine thematische Vielfalt abdecken und strukturiert aufgebaut sein, um den Auszubildenden eine umfassende Orientierung zu bieten. Neben der Unternehmenskultur und den Unternehmenswerten können Themen wie Arbeitsalltag, Entwicklungs- und Karrieremöglichkeiten sowie soziales Engagement des Unternehmens adressiert werden.

Zugänglichkeit und Integration Die fertigen Videos sollten leicht zugänglich gemacht werden, beispielsweise durch Einbindung in das Intranet, Online-Portale (siehe Abschn. 3.3.1.4) oder als Teil des Onboarding-Prozesses. Eine wiederholte Präsentation zu verschiedenen Zeitpunkten der Einarbeitung kann die Aufnahme und Verinnerlichung der vermittelten Inhalte zudem unterstützen.

3.3.2.6 Virtuelle Kaffeepausen

Virtuelle Kaffeepausen im Onboarding sind informelle, online stattfindende Treffen, die neuen Auszubildenden die Möglichkeit bieten, in einer kurzweiligen und entspannten Atmosphäre miteinander und mit anderen Mitarbeitern des Unternehmens in Kontakt zu treten.

Zuordnung

- Onboarding

Schlüsseldimensionen

- Bindung und Zugehörigkeitsgefühl
- Motivation und Engagement
- Vernetzung und Kommunikation

Tipps zur Umsetzung

Für die Organisation virtueller Kaffeepausen im Onboarding benötigen Sie verschiedene Ressourcen, um sicherzustellen, dass die Treffen effektiv sind und die gewünschten Ziele erreichen. Hier sind einige Schlüsselressourcen, die Sie in Betracht ziehen sollten:

Technische Plattformen und Werkzeuge

- Videokonferenzsoftware (wie Zoom, Microsoft Teams, Google Meet), um die virtuellen Treffen zu hosten.
- Chat-Tools für den informellen Austausch und zur Förderung der Kommunikation außerhalb der Kaffeepausen.
- Kalender- und Planungstools zur Koordination der Termine.

Einrichtung und Ausrüstung

- Stabile Internetverbindung für alle Teilnehmenden.
- Kameras und Mikrofone für eine klare Audio- und Videoübertragung.

- Eventuell Kopfhörer zur Verbesserung der Audioqualität und zur Minimierung von Hintergrundgeräuschen.

Inhalte und Materialien

- Leitfäden oder Agenden, um die Kaffeepausen zu strukturieren und sicherzustellen, dass sie produktiv und inklusiv sind.
- Informationsmaterialien über das Unternehmen, Projekte oder Teams, um neuen Auszubildenden einen Einblick in das Unternehmen zu geben.
- Interaktive Elemente oder Spiele, um das Eis zu brechen und die Teilnahme zu fördern.

> Kombinieren Sie die Methode der virtuellen Kaffeepausen mit der Methode des Lunch-Matches bzw. Lunch Roulettes.

Virtuelle Kaffeepausen im Onboarding fördern den informellen Austausch und unterstützen den Aufbau eines Netzwerks innerhalb des Unternehmens. Sie tragen zur Entwicklung eines Gemeinschaftsgefühls bei, indem sie neuen Auszubildenden ermöglichen, in einer entspannten Atmosphäre mit anderen Kollegen aus Ihrem Unternehmen in Kontakt zu treten. Zudem erleichtern sie die Integration in das Unternehmen, indem sie einen Rahmen für informelle Kommunikation und gegenseitiges Kennenlernen anregen.

3.3.2.7 Welcome-Brunch und -Lunch

Ein Willkommens-Brunch oder Willkommens-Lunch bietet eine gute Gelegenheit, neue Auszubildende in einer entspannten und freundlichen Atmosphäre in das Team einzuführen. Es handelt sich um eine informelle Veranstaltung, bei der sich Ihre Neulinge und gegebenenfalls deren neue Kollegen über berufliche und private Themen austauschen können.

Zuordnung

- Onboarding

Schlüsseldimensionen

- Bindung und Zugehörigkeitsgefühl
- Motivation und Engagement
- Vernetzung und Kommunikation

Tipps zur Umsetzung
Der persönliche Rahmen fördert den Aufbau von Beziehungen und hilft den neuen Auszubildenden, sich in das Unternehmen einzufinden und wohlzufühlen. Durch die Einbindung von Vorgesetzten und Teammitgliedern kann der Austausch zudem gefördert werden.

Unterschiedliche Konstellationen berücksichtigen Um den Austausch zu fördern und jedem die Möglichkeit zu geben, verschiedene Teammitglieder kennenzulernen, sollten Sie das Essen in unterschiedlichen Konstellationen planen. Denken Sie darüber nach, ob Sie die Teilnehmer in kleinen Gruppen oder in einer großen Runde zusammenbringen möchten. Für kleinere Gruppen können Sie beispielsweise verschiedene Termine anbieten oder das Mittagessen in mehreren kleineren Räumen stattfinden lassen.

Angeleitet und geplant durch Ausbildungsverantwortliche Als Ausbildungsverantwortliche sollten Sie den Part der Planung und Durchführung der Brunch- oder Lunch-Termine übernehmen. Sie können beispielsweise die Organisation der Veranstaltung leiten, die Teilnehmer im Vorfeld informieren und während des Essens als Ansprechpartner oder Moderation zur Verfügung stehen. Es ist auch hilfreich, wenn die Ausbildungsverantwortlichen das Eis brechen und die Konversation anregen, falls nötig.

Strukturiertes Vorgehen Auch wenn es sich um ein informelles Treffen handelt, kann eine gewisse Struktur hilfreich sein. Legen Sie im Vorfeld einen Zeitplan fest, planen Sie eine kurze offizielle Begrüßung und geben Sie einen Überblick über den Ablauf des Mittagessens. Dies kann im Vorfeld oder zu Beginn des Essens erfolgen und den Teilnehmern helfen, sich auf das Essen einzulassen.

Themenbezogen, falls gewünscht Wenn Sie möchten, können Sie das Mittagessen auch um bestimmte Themen zentrieren. Diese könnten beruflicher Natur sein oder sich auf Interessen beziehen, die sowohl für neue Auszubildende als auch für andere Teammitglieder von Bedeutung sind. Eine thematische Ausrichtung kann dabei helfen, den Austausch gezielter zu gestalten und sicherzustellen, dass das Gespräch fließt.

> Achten Sie darauf, dass die Themenwahl offen genug ist, um allen Teilnehmern die Möglichkeit zur Beteiligung zu geben.

3.3.3 Netzwerk und Anleitung

3.3.3.1 Buddy- und Kumpel-System

Ein Buddy-System ist eine unterstützende Methode innerhalb, bei dem die neuen Auszubildenden (den „Neuen") ein erfahrener Auszubildender aus einem höheren Jahrgang (der „Buddy") zur Seite gestellt wird. Dieser Buddy dient als persönlicher Ansprechpartner, hilft insbesondere bei der sozialen Integration und steht für alltägliche sowie arbeitsbezogene Fragen zur Verfügung. Die Rolle des Buddys zielt darauf ab, die soziale Distanz zu minimieren, eine informelle Kommunikation zu fördern und den neuen Auszubildenden dabei zu helfen, sich schneller einzufinden.

Zuordnung

- Preboarding
- Onboarding

Schlüsseldimensionen

- Bindung und Zugehörigkeitsgefühl
- Kompetenzentwicklung und Selbstwirksamkeit
- Motivation und Engagement
- Vernetzung und Kommunikation
- Werte- und Kulturintegration
- Wissensvermittlung und Orientierung

Tipps zur Umsetzung
Erfahrene Auszubildende, die als Buddies dienen, sollten sorgfältig ausgewählt und für ihre Funktion vorbereitet werden. Dies umfasst Schulungen zu Kommunikationsfähigkeiten, Unternehmenskultur und den Erwartungen an sie als Buddy. Hierfür bietet es sich an, notwendige Informationsressourcen über Ihr Unternehmen, dessen Produkte und Dienstleistungen, Arbeitsabläufe und die Unternehmenskultur, aber auch den Ablauf des Preboardings und Onboardings selbst bereitzustellen. Diese Materialien unterstützen Buddies dabei, ihr Wissen effektiv mit den Neulingen zu teilen.

Darüber hinaus ist es wichtig, dass Sie als Ausbildungsverantwortlicher die Koordination des Buddy-Systems übernehmen, einschließlich der Überwachung des Fortschritts und der Bereitstellung von Unterstützung bei Bedarf.

Die Implementierung eines Buddy- bzw. Kumpel-Systems im Preboarding und Onboarding bietet zahlreiche Vorteile, die den Integrationsprozess neuer Auszubildender unterstützen:

Kommunikation auf Augenhöhe Ein Buddy-System ermöglicht neuen Auszubildenden, Fragen und Bedenken in einer informellen und niedrigschwelligen Umgebung zu äußern. Sie fühlen sich oft wohler, bestimmte Themen mit einem Buddy zu besprechen als direkt mit Ausbildungsverantwortlichen oder Führungskräften.

Förderung des Netzwerkaufbaus Buddies können neuen Auszubildenden dabei helfen, wichtige Kontakte im Unternehmen zu knüpfen, ein berufliches Netzwerk aufzubauen und erste Orientierung zu geben.

Verstärkung der Bindung an das Unternehmen Durch die persönliche Unterstützung und das Gefühl, gut im Team aufgenommen zu werden, stärkt das Buddy-System die Bindung neuer Auszubildender an das Unternehmen.

> Wählen Sie Buddies aus, die ihre Rolle freiwillig übernehmen. Dies ist entscheidend für deren Engagement und die Qualität der Unterstützung, die sie neuen Auszubildenden bieten können. Ermöglichen Sie eine ständige Kommunikation zwischen HR, den Buddies und den neuen Auszubildenden, um Unterstützung anzubieten.

3.3.3.2 Interaktive Q&A-Sessions

Q&A-Sessions („Questions and Answers") sind Frage-und-Antwort-Runden, bei denen Auszubildende die Möglichkeit haben, Fragen zu stellen, die dann von einem oder mehreren Auszubildenden aus dem Unternehmen, Ausbildungsverantwortlichen oder anderen Unternehmensvertretern beantwortet werden. Diese Sessions können in verschiedene Kontexte eingebunden werden.

Zuordnung

- Preboarding
- Onboarding

Schlüsseldimensionen

- Kompetenzentwicklung und Selbstwirksamkeit
- Vernetzung und Kommunikation
- Werte- und Kulturintegration
- Wissensvermittlung und Orientierung

Tipps zur Umsetzung
Die regelmäßige Durchführung solcher Meetings unterstützt Ihre Auszubildenden in den unterschiedlichen Phasen dabei, in den Austausch zu gehen.

Planung und Struktur Legen Sie regelmäßige Termine für die Q&A-Sessions fest und kommunizieren Sie diese frühzeitig an alle Beteiligten. Eine klare Struktur hilft dabei, den Rahmen und die Erwartungen zu definieren.

Themen festlegen Um die Sessions möglichst effektiv zu gestalten, können im Voraus Themen gesammelt und priorisiert werden. Dies kann entweder durch direkte Abfrage bei den Auszubildenden oder durch Identifikation häufig gestellter Fragen in vorangegangenen Sitzungen geschehen.

Moderation und Unterstützung Bestimmen Sie einen erfahrenen Moderator für die Sessions, der die Diskussion leitet, Fragen verteilt und darauf achtet, dass alle Teilnehmenden zu Wort kommen können. Dies kann ein Ausbilder, ein erfahrener Auszubildender oder ein Mitglied des HR-Teams sein.

Technische Vorbereitung Stellen Sie sicher, dass alle technischen Mittel (wie Videokonferenz-Software, Mikrofone, Lautsprecher) funktionieren und allen Teilnehmenden zugänglich sind. Ein kurzer Technik-Check vor Beginn der Session kann helfen, Verzögerungen zu vermeiden.

3.3.3.3 Jour-Fixe

Ein „Jour-Fixe" ist ein Begriff aus dem Französischen und bedeutet „fester Tag" oder „fester Termin". In der Geschäfts- und Arbeitswelt wird damit ein regelmäßiges Treffen bezeichnet, das stets am selben Wochentag oder Datum stattfindet. Diese Treffen dienen dazu, aktuelle Themen zu besprechen, den Informationsaustausch zu fördern und die Koordination zwischen den Teammitgliedern oder verschiedenen Abteilungen zu verbessern.

Zuordnung

- Onboarding

3 Praktische Integration 75

Schlüsseldimensionen

- Bindung und Zugehörigkeitsgefühl
- Persönliche Entwicklung und Karriereplanung
- Werte- und Kulturintegration
- Wissensvermittlung und Orientierung

Tipps zur Umsetzung
Die Implementierung eines regelmäßigen Jour-Fixe können Sie als festen Bestandteil in die Struktur Ihrer Ausbildungsorganisation eingliedern. Dies dient dazu, regelmäßig Rückmeldung zu geben und zu erhalten. Hier sind einige Tipps zur Umsetzung eines solchen Jour-Fixe, unterteilt nach Lehrjahren:

Im 1. Lehrjahr (zweiwöchentlich)

Begrüßung & Stimmung	Starten Sie das Meeting immer mit einer positiven und motivierenden Begrüßung.
	Erkundigen Sie sich nach dem Wohlbefinden der Auszubildenden, um eine vertrauensvolle Atmosphäre zu schaffen.
	Eine kurze, lockere Aktivität kann helfen, das Eis zu brechen und eine angenehme Stimmung zu erzeugen.
Agenda Azubi	Geben Sie den Auszubildenden die Gelegenheit, ihre aktuelle Situation und Herausforderungen zu besprechen.
	Fordern Sie sie auf, von ihren Erfahrungen zu berichten und Fragen zu stellen.
	Bitten Sie um Feedback zu spezifischen Themen oder Projekten, an denen sie arbeiten.
Agenda Ausbildungsleitung	Die Ausbildungsleitung sollte aktuelle Themen ansprechen, die für den Auszubildenden relevant sind.
	Informationen zu anstehenden Schulungen oder Kursen sollten hier mitgeteilt werden.
	Besprechen Sie Fortschritte und mögliche Anpassungen in der Ausbildung.

Termine & Deadlines	Überprüfen Sie alle wichtigen Termine und Fristen, die der Auszubildende beachten muss. Planen Sie zukünftige Aufgaben und Projekte und besprechen Sie die dafür erforderlichen Schritte.
Zusammenfassung & Ausblick	Fassen Sie die besprochenen Punkte kurz zusammen und wiederholen Sie wichtige Deadlines oder Aufgaben. Geben Sie einen Ausblick auf die nächsten Schritte und die Inhalte des nächsten Jour-Fixe. Bestärken Sie den Azubi, positiv und proaktiv in die kommenden Wochen zu gehen.

Ab dem 2. Lehrjahr (vierwöchentlich)

Der Rhythmus kann auf vierwöchentlich angepasst werden, da die Auszubildenden bereits vertrauter mit den Abläufen sind. Die Agenda kann weiterhin ähnlich strukturiert sein, allerdings mit dem Fokus auf zunehmende Selbstständigkeit und Übernahme von Verantwortung.

Allgemeine Tipps

- Halten Sie die Treffen konsequent ein, um Zuverlässigkeit und Struktur zu vermitteln.
- Dokumentieren Sie die Inhalte der Meetings für eine kontinuierliche Nachverfolgung. Nutzen Sie dafür bestenfalls eine gemeinsame Plattform (Online-Portal, Microsoft Sharepoint, OneDrive o. Ä.)
- Stellen Sie sicher, dass der Azubi vorbereitet in das Meeting kommt, indem Sie die Agenda vorab teilen.
- Setzen Sie einen zeitlichen Rahmen für das Meeting und versuchen Sie, diesen einzuhalten, um Effizienz und Respekt für die Zeit aller Beteiligten zu zeigen.
- Ein offener Dialog ist wichtig. Ermutigen Sie den Auszubildenden, sich einzubringen und eigene Ideen und Vorschläge zu unterbreiten.

3.3.3.4 Mentor- und Paten-System

Das Mentor-System differenziert sich vom Buddy- bzw. Kumpel-System durch seinen formelleren Ansatz und den Schwerpunkt auf erfahrene Mitarbeiter als Mentoren statt nur auf Auszubildende höherer Jahrgänge.

Zuordnung

- Onboarding

Schlüsseldimensionen

- Bindung und Zugehörigkeitsgefühl
- Kompetenzentwicklung und Selbstwirksamkeit
- Persönliche Entwicklung und Karriereplanung
- Vernetzung und Kommunikation
- Werte- und Kulturintegration
- Wissensvermittlung und Orientierung

Tipps zur Umsetzung

Während das Buddy-System primär die soziale Integration und die Eingewöhnung in das Arbeitsumfeld fokussiert, erweitert das Mentor-System diese Unterstützung, indem es den neuen Auszubildenden einen tieferen, formelleren Einblick in das Unternehmen und Erfahrungen aus der Praxis bietet. Die erfahrene Person im Mentor-System, oft ein langjähriger Mitarbeiter mit umfangreichem Wissen über das Unternehmen und seine Abläufe, dient nicht nur als Ratgeber für alltägliche Fragen im Arbeitskontext, sondern auch als Ansprechpartner (Mentor) für berufliche Entwicklung und Karriereplanung.

Ein weiterer Unterschied besteht in der Auswahl und Vorbereitung der Mentoren: Während Buddies häufig aufgrund ihrer sozialen Kompetenzen und ihrer Nähe zur Lebenswelt der Auszubildenden ausgewählt werden, stehen beim Mentor-System die fachliche Expertise und die Fähigkeit, Wissen und Erfahrungen effektiv zu teilen, im

Vordergrund. Das System kann zudem stärker auf individuelle Bedürfnisse und Karriereziele der neuen Mitarbeiter eingehen und eine maßgeschneiderte Unterstützung anbieten.

3.3.3.5 Online-Einführungsgespräche

Online-Einführungsgespräche sind virtuelle Treffen, die mithilfe digitaler Kommunikationstechnologien wie Videokonferenzsoftware durchgeführt werden. Diese virtuellen Gespräche dienen dazu, essenzielle Informationen zu übermitteln, offene Fragen zu klären und eine persönliche Verbindung zwischen Ihnen und Ihren Auszubildenden oder angehenden Auszubildenden zu etablieren.

Zuordnung

- Preboarding
- Onboarding

Schlüsseldimensionen

- Bindung und Zugehörigkeitsgefühl
- Klärung und Information
- Vernetzung und Kommunikation

Tipps zur Umsetzung

Vorbereitung und Strukturierung Planen Sie die Online-Einführungsgespräche sorgfältig vor und stellen Sie sicher, dass sie eine klare Struktur haben. Bereiten Sie Themen vor, die behandelt werden sollen, und lassen Sie auch Raum für Fragen Ihrer Auszubildenden.

Technische Plattformen wählen Wählen Sie eine geeignete technische Plattform für die Durchführung der Gespräche, wie Zoom, Microsoft Teams oder Google Meet. Stellen Sie sicher, dass sowohl die Ausbildungsverantwortlichen als auch die Auszubildenden mit der Nutzung der Plattform vertraut sind und im Bedarfsfall technischen Support erhalten können.

Persönliche Atmosphäre schaffen Auch wenn das Gespräch online stattfindet, ist es wichtig, dass Sie eine persönliche und einladende Atmosphäre schaffen.

Themenbezogene Agenden festlegen Legen Sie im Sinne des Erwartungsmanagements für jedes Gespräch im Vorfeld eine themenbezogene Agenda fest.

Durchführung von Follow-up-Maßnahmen Nach dem Gespräch ist es wichtig, Follow-up-Maßnahmen anzubieten und durchzuführen, um sicherzustellen, dass alle offenen Fragen geklärt werden. Dies kann durch das Zusenden von Zusammenfassungen der besprochenen Punkte oder weiterführenden Materialien erfolgen.

3.3.3.6 Schnitzeljagd und House Rallye

Eine Schnitzeljagd oder House Rallye ist eine interaktive und unterhaltsame Methode, um neuen Auszubildenden das Unternehmen näherzubringen. Durch das Lösen von Rätseln und das Erreichen verschiedener Stationen innerhalb des Unternehmens erhalten die Teilnehmenden nicht nur einen umfassenden Überblick über die verschiedenen Abteilungen und deren Funktionen, sondern lernen auch Schlüsselpersonen auf persönliche Weise kennen. Diese Methode fördert die Teamarbeit, verbessert die Orientierung innerhalb des Unternehmens und unterstützt die Netzwerkbildung zwischen den neuen Auszubildenden sowie zwischen Auszubildenden und Mitarbeitern.

Zuordnung

- Onboarding

Schlüsseldimensionen

- Bindung und Zugehörigkeitsgefühl
- Motivation und Engagement
- Vernetzung und Kommunikation
- Werte- und Kulturintegration
- Wissensvermittlung und Selbstwirksamkeit

Tipps zur Umsetzung

Vielfältige Stationen planen Die Auswahl der Stationen muss sorgfältig geplant werden, um eine breite Abdeckung der Unternehmensbereiche zu gewährleisten. Jede Station kann einzigartige Aufgaben oder Rätsel bieten, die spezifisch auf den jeweiligen Bereich zugeschnitten sind. Dies vermittelt den Auszubildenden ein detailliertes Verständnis der verschiedenen Funktionen und Rollen innerhalb des Unternehmens.

Einbindung von Schlüsselpersonen An bestimmten Stationen sollten Schlüsselpersonen aus den jeweiligen Bereichen beteiligt sein, die kurz ihre Funktion und die Bedeutung ihres Bereichs für das Unternehmen vorstellen. Dies fördert den direkten Austausch und ermöglicht es den Auszubildenden, wertvolle Kontakte zu knüpfen.

Teamorientierte Aufgaben Um die Teamarbeit und das Gemeinschaftsgefühl zu stärken, sollten die Aufgaben so gestaltet sein, dass sie nur in der Gruppe gelöst werden können. Dies fördert die Kommunikation und Zusammenarbeit unter den Auszubildenden und trägt zu einer positiven Teamdynamik bei.

Feedback und Reflexion Nach Abschluss der Schnitzeljagd oder House Rallye ist es sinnvoll, eine Feedbackrunde zu organisieren, in der die Teilnehmenden ihre Eindrücke und Erkenntnisse teilen können. Dies bietet eine Gelegenheit zur Reflexion und Vertiefung der gesammelten Erfahrungen.

Belohnungen und Anerkennung Die erfolgreiche Bewältigung der Schnitzeljagd oder House Rallye sollte anerkannt und belohnt werden. Dies kann durch kleine Preise oder Zertifikate geschehen, die nicht nur die Leistung würdigen, sondern auch als motivierende Erinnerung an eine erfolgreiche Teamleistung dienen.

3.3.3.7 Walk-and-Talk

Der „Walk-and-Talk" ist im Gegensatz zum „Jour-Fixe" (siehe Abschn. 3.3.3.3) ein informelleres und bewegungsorientiertes Meeting.

Anstatt in einem Büro oder Konferenzraum zu sitzen, finden Gespräche während eines gemeinsamen Spaziergangs statt. Dies kann die Kreativität fördern, zu einer entspannten Gesprächsatmosphäre beitragen und die Gesundheit unterstützen. Hier sind einige differenzierende Punkte und Tipps zur Umsetzung:

Zuordnung

- Onboarding

Schlüsseldimensionen

- Bindung und Zugehörigkeitsgefühl
- Persönliche Entwicklung und Karriereplanung
- Werte- und Kulturintegration
- Wissensvermittlung und Orientierung

Tipps zur Umsetzung
Wählen Sie eine angenehme Route, die zu einer entspannten Unterhaltung einlädt, und achten Sie darauf, dass der „Walk-and-Talk" nicht zu einer Pflichtübung wird – der informelle Charakter ist entscheidend. Seien Sie als Ausbildungsleitung während des „Walk-and-Talk" besonders aufmerksam und empathisch, um die nonverbalen Signale des Auszubildenden wahrzunehmen. Nutzen Sie diese Zeit auch, um auf die individuellen Bedürfnisse und das Wohlbefinden des Auszubildenden einzugehen. Dokumentieren Sie nach dem „Walk-and-Talk" gemeinsam mit dem Auszubildenden die wichtigsten Punkte und Erkenntnisse, um einen Nachweis über die Entwicklung und die Themen zu haben.

3.3.3.8 Vernetzung mit dem Team

Die Vernetzung mit dem Team, sowohl im Preboarding als auch im Onboarding-Prozess, zielt darauf ab, den Auszubildenden einen frühestmöglichen Einblick in die Teamdynamik zu geben und Beziehungen zu ihren zukünftigen Kollegen und Vorgesetzten aufzubauen. Durch gezielte Aktivitäten und Initiativen wird nicht nur die soziale Eingliederung unterstützt, sondern auch eine Grundlage für eine effektive Zusammenarbeit und ein starkes Zugehörigkeitsgefühl geschaffen.

Zuordnung

- Preboarding
- Onboarding

Schlüsseldimensionen

- Bindung und Zugehörigkeitsgefühl
- Motivation und Engagement
- Vernetzung und Kommunikation
- Werte- und Kulturintegration
- Wissensvermittlung und Orientierung

Tipps zur Umsetzung

Strukturierte Kennenlern-Formate nutzen Organisieren Sie strukturierte Kennenlern-Formate, die es neuen Auszubildenden ermöglichen, sich sowohl persönlich als auch beruflich vorzustellen. Dies kann durch kurze Präsentationen oder gemeinsame Runden mit „Ice-Breaker"-Fragen geschehen.

Mentorenprogramme einrichten Einrichtung von Mentorenprogrammen (siehe Abschn. 3.3.3.3), bei denen erfahrenen Mitarbeitern die Funktion eines Mentors oder Paten für neue Auszubildende zugewiesen wird. Diese Mentoren dienen als erste Anlaufstelle, unterstützen bei fachlichen und organisatorischen Fragen und fördern die Integration ins Team.

Team-Events und soziale Aktivitäten planen Planen Sie regelmäßige Team-Events und soziale Aktivitäten, die sowohl online als auch offline stattfinden können. Dies können gemeinsame Mittagessen, After-Work-

Treffen oder virtuelle Kaffeerunden sein, die das gegenseitige Kennenlernen fördern und die Teamkultur stärken.

Kommunikationsplattformen nutzen Stellen Sie sicher, dass neue Auszubildende frühzeitig Zugang zu internen Kommunikationsplattformen wie Slack, Microsoft Teams oder ähnlichen Tools erhalten. Dies ermöglicht eine einfache und ungezwungene Kommunikation mit Teammitgliedern und unterstützt die Vernetzung.

Feedback-Schleifen etablieren Etablieren Sie regelmäßige Feedback-Schleifen, in denen neue Auszubildende ihre Erfahrungen mit der Teamintegration teilen können. Dies bietet wertvolle Einblicke, um den Onboarding-Prozess kontinuierlich zu verbessern und sicherzustellen, dass sich alle Teammitglieder wohl und wertgeschätzt fühlen.

Fragen, die Sie als Anregung für Ihre Schnitzeljagd nutzen können
- Welche Abteilung wurde als erste im Unternehmen gegründet und was ist ihre Hauptaufgabe?
- Findet das Büro oder den Arbeitsplatz, an dem ein spezifisches, für unser Unternehmen bedeutendes Projekt entwickelt wurde. Was war das Projekt?
- Wer ist der aktuelle Geschäftsführer/ CEO und welchen persönlichen Gegenstand hat er/sie in seinem/ihrem Büro, der für die Unternehmenskultur steht?
- In welchem Raum oder Bereich findet ihr Hinweise auf die Unternehmenswerte? Beschreibt einen Wert und wie ihr ihn im Alltag umsetzen könnt.
- Sucht die Kantine/Sozialraum auf und findet heraus, welches das Lieblingsgericht der Belegschaft ist. Was glaubt ihr, warum es so beliebt ist?
- Wo im Unternehmen findet ihr Informationen zur Geschichte oder zu den Meilensteinen des Unternehmens? Nennt einen Meilenstein und erklärt, warum er wichtig war.
- Gibt es einen Ort im Unternehmen, der besonders für Pausen oder informelle Treffen genutzt wird? Was macht diesen Ort besonders?
- Sucht die Personalabteilung auf und findet heraus, welche Weiterbildungsmöglichkeiten das Unternehmen für Auszubildende bietet. Welche Weiterbildung würdet ihr wählen und warum?
- Welches soziale oder ökologische Projekt unterstützt das Unternehmen aktuell? Findet eine Weise, wie ihr als Azubis dazu beitragen könnt.

3.3.4 Autonomie und Verwirklichung

3.3.4.1 Eigenverantwortliche Projektarbeit

Eigenverantwortliche Projektarbeit bietet Auszubildenden die Möglichkeit, eigene kleine Projekte von der Idee bis zur Umsetzung zu führen. Dabei erhalten sie die Verantwortung für die Planung, Durchführung und Nachbereitung ihrer Projekte.

Zuordnung

- Onboarding

Schlüsseldimensionen

- Bindung und Zugehörigkeitsgefühl
- Kompetenzentwicklung und Selbstwirksamkeit
- Motivation und Engagement
- Persönliche Entwicklung und Karriereplanung
- Wissensvermittlung und Orientierung

Tipps zur Umsetzung
Hier sind einige Tipps zur Umsetzung eigenverantwortlicher Projektarbeit im Onboarding:

Klare Zielsetzung Definieren Sie klare Ziele und Erwartungen für jedes Projekt, um sicherzustellen, dass die Auszubildenden verstehen, was erreicht werden soll.

Ressourcenbereitstellung Stellen Sie sicher, dass die Auszubildenden Zugang zu den benötigten Ressourcen wie Informationen, Materialien und Unterstützung haben, um ihre Projekte erfolgreich durchzuführen.

Unterstützung und Anleitung Bieten Sie Ihren Auszubildenden Unterstützung und Anleitung durch erfahrene Mitarbeiter oder Mentoren (siehe Abschn. 3.3.3.5), um sicherzustellen, dass sie auf dem richtigen Weg sind und ihre Ziele erreichen.

Feedback und Bewertung: Geben Sie den Auszubildenden regelmäßiges (Zwischen-)Feedback zu ihren Fortschritten und Ergebnissen und bewerten Sie ihre Leistung fair und konstruktiv.

Freiraum für Kreativität: Geben Sie den Auszubildenden den Freiraum, kreative Ideen zu entwickeln und neue Lösungsansätze auszuprobieren, um ihr Potenzial voll auszuschöpfen.

Zeitmanagement Helfen Sie den Auszubildenden dabei, ihre Zeit effektiv zu planen und ihre Projekte innerhalb der vorgegebenen Fristen abzuschließen.

Reflexion und Lernen Ermutigen Sie die Auszubildenden, ihre Erfahrungen zu reflektieren und aus Fehlern zu lernen, um sich kontinuierlich weiterzuentwickeln und zu verbessern.

Anerkennung und Wertschätzung Anerkennen und würdigen Sie die Leistungen der Auszubildenden, um ihre Motivation und ihr Engagement aufrechtzuerhalten und ihr Selbstvertrauen zu stärken.

> Stellen Sie den Auszubildenden ein Budget für ihre eigenverantwortlichen Projekte zur Verfügung, um ihnen nicht nur die Realisierung ihrer Ideen zu ermöglichen, sondern auch wertvolle Erfahrungen im Umgang mit finanziellen Ressourcen zu bieten. Ermutigen Sie sie, dieses Budget sorgfältig zu planen und zu verwalten, um ein tieferes Verständnis für Kostenkontrolle und -effizienz zu entwickeln.

3.3.4.2 Innovationswettbewerbe

Innovationswettbewerbe sind Wettbewerbe oder Veranstaltungen, die darauf abzielen, dass Ihre Auszubildenden kreative Ideen und innovative Lösungen innerhalb eines Unternehmens oder einer Organisation entwickeln. Auszubildende haben die Möglichkeit, ihre Ideen oder Projekte losgelöst oder zu einem gewählten Thema einzureichen und diese vor einem Gremium zu präsentieren.

Zuordnung

- Onboarding

Schlüsseldimensionen

- Bindung und Zugehörigkeitsgefühl
- Kompetenzentwicklung und Selbstwirksamkeit
- Motivation und Engagement
- Vernetzung und Kommunikation
- Wissensvermittlung und Orientierung

Tipps zur Umsetzung
Diese Wettbewerbe können verschiedene Formate annehmen, wie zum Beispiel Pitch-Wettbewerbe, Hackathons oder Ideenwettbewerbe. Sie bieten eine Plattform für Auszubildende, um ihr Innovationspotenzial zu zeigen, ihr Fachwissen zu demonstrieren und gemeinsam an der Entwicklung neuer Produkte, Prozesse oder Dienstleistungen zu arbeiten. Innovationswettbewerbe tragen dazu bei, eine innovationsfördernde Kultur im Unternehmen zu etablieren und den Austausch von Ideen und Best Practices zu fördern.

3.3.5 Meisterschaft und Entwicklung

3.3.5.1 Cross-Training-Sessions

Cross-Training-Sessions sind strukturierte Trainings, die Auszubildenden die Möglichkeit bieten, Einblicke in verschiedene Abteilungen und Arbeitsbereiche eines Unternehmens zu erhalten. Durch diese Methode können Auszubildende ein breiteres Verständnis für die Unternehmensprozesse entwickeln, ihre Fähigkeiten in verschiedenen Kontexten anwenden und ihre Anpassungsfähigkeit sowie ihr Wissen über die Unternehmensstruktur verbessern. Cross-Training fördert die Vielseitigkeit der Auszubildenden und bereitet sie darauf vor, effektiver an der Schnittstelle verschiedener Abteilungen zu arbeiten.

Zuordnung

- Onboarding

Schlüsseldimensionen

- Bindung und Zugehörigkeitsgefühl
- Kompetenzentwicklung und Selbstwirksamkeit
- Motivation und Engagement
- Vernetzung und Kommunikation
- Werte- und Kulturintegration
- Wissensvermittlung und Orientierung

Tipps zur Umsetzung

Detaillierte Planung Beginnen Sie mit einer sorgfältigen Planung der Cross-Training-Sessions, indem Sie die Lernziele für jede Abteilung definieren. Überlegen Sie, welche Fähigkeiten und Kenntnisse vermittelt werden sollen und wie diese zum Gesamtverständnis des Unternehmens und der spezifischen Ausbildung beitragen.

Abteilungsübergreifende Koordination Koordinieren Sie eng mit den beteiligten Abteilungen, um sicherzustellen, dass die Sessions für beide Seiten – die Auszubildenden und der Abteilung – wertvoll sind. Es ist wichtig, dass die Abteilungen verstehen, welchen Beitrag sie zur Entwicklung der Auszubildenden leisten können.

Praktische Erfahrungen Gestalten Sie die Sessions so praxisnah wie möglich. Neben theoretischen Einblicken sollten Auszubildende die Chance erhalten, an realen Arbeitssituationen mitzuarbeiten oder spezifische Aufgaben unter Anleitung zu übernehmen.

Reflexion und Feedback Integrieren Sie regelmäßige Reflexions- und Feedbackrunden, in denen Auszubildende ihre Erfahrungen aus den verschiedenen Abteilungen teilen können.

> Nutzen Sie Cross-Training-Sessions als Gelegenheit, die Vernetzung der Auszubildenden innerhalb des Unternehmens zu fördern. Durch den Abteilungswechsel lernen sie eine größere Bandbreite an Kollegen kennen, was den Aufbau eines internen Netzwerks erleichtert.

3.3.5.2 Gamifizierte Orientierung

Die gamifizierte Orientierung ist eine Methode, um Ihren Auszubildenden eine unterhaltsame und interaktive Einführung in das Unternehmen zu bieten. Durch die Integration von spielerischen Elementen und Wettbewerbsmechanismen (siehe auch Abschn. 3.3.4.2) in den Onboarding-Prozess werden Motivation und Engagement gefördert, während gleichzeitig wichtige Informationen über das Unternehmen, seine Kultur, Werte und Arbeitsprozesse vermittelt werden können.

Zuordnung

- Preboarding
- Onboarding

Schlüsseldimensionen

- Bindung und Zugehörigkeitsgefühl
- Kompetenzentwicklung und Selbstwirksamkeit
- Motivation und Engagement
- Wissensvermittlung und Orientierung

Tipps zur Umsetzung
Diese Methode trägt dazu bei, das Lernen zu einer ansprechenden und adressatengerechten Erfahrung zu machen und die Selbstwirksamkeit der Auszubildenden zu stärken.

Entwicklung eines Spielkonzepts Entwerfen Sie ein Spielkonzept, das sowohl informativ als auch unterhaltsam ist. Dies könnte ein Quiz über die Unternehmensgeschichte, eine Schnitzeljagd (siehe Abschn. 3.3.3.1) durch die Büroräume oder eine virtuelle Reality-Tour sein, die neue Auszubildende durch wichtige Unternehmensbereiche führt.

Einsatz von Technologie Nutzen Sie moderne Technologien wie Apps, VR (Virtual Reality) und AR (Augmented Reality), um eine immersive Lernerfahrung zu schaffen. Solche Technologien können Ihren Auszubildenden helfen, komplexe Informationen auf eine leicht verständliche und ansprechende Weise zu vermitteln.

Förderung von Teamarbeit Team-basierte Herausforderungen können zudem dazu beitragen, das Gemeinschaftsgefühl zu stärken, und dazu anregen, sich gegenseitig kennenzulernen und voneinander zu lernen.

Integration von Belohnungen Setzen Sie Belohnungssysteme ein, um die Teilnahme und den Erfolg zu fördern. Punkte, Abzeichen, Zertifikate oder kleine Preise können als Anreize dienen, das Engagement zu steigern und die Leistungen der Auszubildenden anzuerkennen.

3.3.5.3 Hospitation

Hospitation von Auszubildenden bezeichnet den Prozess, bei dem Auszubildende temporär in anderen Abteilungen, Projekten oder bei anderen Tätigkeiten innerhalb des Unternehmens oder bei Partnerunternehmen mitarbeiten oder beobachten.

Zuordnung

- Onboarding

Schlüsseldimensionen

- Bindung und Zugehörigkeitsgefühl
- Kompetenzentwicklung und Selbstwirksamkeit

- Motivation und Engagement
- Vernetzung und Kommunikation
- Werte- und Kulturintegration
- Wissensvermittlung und Orientierung

Tipps zur Umsetzung
Ziel der Hospitation ist es, einen umfassenden Einblick in verschiedene Arbeitsbereiche zu ermöglichen, das Verständnis für das Unternehmen zu vertiefen und ihre fachlichen sowie sozialen Kompetenzen zu erweitern. Durch die direkte Beobachtung und gelegentliche aktive Teilnahme bei erfahrenen Mitarbeitern, höheren Auszubildenden oder den zugeordneten Mentoren können die neuen Auszubildenden unterschiedliche Arbeitsprozesse, Techniken und Unternehmenskulturen kennenlernen. Diese Form des Lernens fördert auch die interdisziplinäre Zusammenarbeit und die Vernetzung zwischen den Abteilungen. Hospitationen sind besonders wertvoll, um den Auszubildenden einen realistischen Eindruck von den täglichen Herausforderungen und den erforderlichen Kompetenzen in verschiedenen Bereichen zu vermitteln.

Dieser Tag dient nicht nur dazu, die Neugier zu wecken, sondern auch, um den Auszubildenden einen reibungslosen Start und eine frühzeitige Orientierung für den ersten Praxiseinsatz zu bieten.

> Planen Sie einen Tag während der Einführungswochen (siehe Abschn. 3.3.1.8) ein, der ausschließlich der Hospitation gewidmet ist. Es bieten sich Kernpraxisbereiche an, bei höheren Auszubildenden oder mit Buddys.

3.3.5.4 Zielsetzungs- und Review-Meetings

Zielsetzungs- und Review-Meetings im Rahmen des Onboardings dienen dazu, neue Auszubildende, die Ausbildungsverantwortlichen sowie die Praxisausbilder zusammenzubringen, um klare Ziele für die anfängliche Lern- und Arbeitsphase zu definieren, den Fortschritt zu überprüfen und Handlungsoptionen abzuleiten.

Zuordnung

- Onboarding

Schlüsseldimensionen

- Bindung und Zugehörigkeitsgefühl
- Kompetenzentwicklung und Selbstwirksamkeit
- Motivation und Engagement
- Persönliche Entwicklung und Karriereplanung
- Vernetzung und Kommunikation
- Werte- und Kulturintegration

Tipps zur Umsetzung

In diesen Treffen werden Erwartungen kommuniziert, Herausforderungen besprochen und Unterstützungsbedarf identifiziert. Sie sind ein strukturierter Rahmen, der den Auszubildenden hilft, ihre Rolle im Unternehmen zu verstehen und ihre persönliche Entwicklung voranzutreiben.

> **Die nachfolgenden Fragen können Ihnen beim Aufbau des Gespräches helfen**
> - Welche Hauptziele verfolgen wir mit diesem Gespräch, und was möchten wir bis zum Ende erreicht haben?
> - Wer sind die Teilnehmer dieses Gesprächs, und welche Rollen oder Beiträge werden von jedem erwartet?
> - Gibt es spezifische Themen oder Agenda-Punkte, die wir in diesem Gespräch behandeln müssen, und in welcher Reihenfolge sollen diese adressiert werden?
> - Wie viel Zeit planen wir für das Gespräch ein, und wie ist die Zeit auf die verschiedenen Themen verteilt?
> - Welche vorbereitenden Materialien oder Informationen sollten den Auszubildenden vorab zur Verfügung gestellt werden, um eine effektive Diskussion zu ermöglichen?
> - Wie werden Entscheidungen während des Gesprächs dokumentiert, und wer ist für die Protokollierung verantwortlich?

- Gibt es spezielle Methoden oder Tools, die wir während des Gesprächs einsetzen wollen, um die Interaktion oder Ideenfindung zu fördern?
- Wie und wann geben wir Feedback zu den besprochenen Themen, und wie wird der Follow-up-Prozess organisiert?
- Gibt es Regelungen für den Umgang mit Meinungsverschiedenheiten oder Konflikten während des Gesprächs?

3.3.6 Zweck und Orientierung

3.3.6.1 CSR-Projektbeteiligungen

CSR steht für Corporate Social Responsibility, also die soziale Verantwortung von Unternehmen. Es bezeichnet das Konzept, nach dem Unternehmen freiwillig über ihre gesetzlichen Verpflichtungen hinaus Verantwortung für soziale, ökologische und ökonomische Belange zu übernehmen. CSR-Aktivitäten können sich auf eine breite Palette von Themen beziehen, einschließlich, aber nicht beschränkt, auf Umweltschutz, faire Arbeitsbedingungen, Unterstützung lokaler Gemeinschaften und nachhaltiges Wirtschaften. Ziel ist es, einen positiven Beitrag zur Gesellschaft zu leisten, während gleichzeitig langfristiger unternehmerischer Erfolg gefördert wird.

Zuordnung

- Onboarding

Schlüsseldimensionen

- Bindung und Zugehörigkeitsgefühl
- Persönliche Entwicklung und Karriereplanung
- Vernetzung und Kommunikation
- Werte- und Kulturintegration

Tipps zur Umsetzung
CSR-Projektbeteiligungen als Teil des Onboardings ermöglichen neuen Auszubildenden, sich aktiv an Corporate Social Responsibility (CSR)-Initiativen des Unternehmens zu beteiligen. Diese Methode verbindet die Einarbeitung mit sozialem Engagement und vermittelt den Auszubildenden die Werte und die Kultur des Unternehmens durch direktes Erleben. Durch die aktive Mitarbeit an Projekten, die einen positiven Einfluss auf die Gesellschaft oder die Umwelt haben, erfahren Auszubildende die Bedeutung und die Auswirkungen ihres Handelns.

Auswahl relevanter CSR-Projekte Wählen Sie CSR-Projekte aus, die sowohl zu den Werten des Unternehmens passen als auch Möglichkeiten für aktive Beteiligung bieten. Die Projekte sollten so gestaltet sein, dass sie für Auszubildende zugänglich sind und einen spürbaren Beitrag leisten können.

Vorbereitende Workshops Organisieren Sie Workshops, die den Auszubildenden die Grundlagen und Ziele der CSR-Initiativen näherbringen. Dies hilft, ein tieferes Verständnis für die Bedeutung dieser Projekte zu entwickeln und wie sie zur Gesamtstrategie des Unternehmens beitragen.

Integration in Teams Binden Sie die Auszubildenden in bestehende Teams ein, die an CSR-Projekten arbeiten. Die Zusammenarbeit mit erfahrenen Mitarbeitern fördert das Lernen und ermöglicht den Austausch von Wissen und Erfahrungen.

Verbindung zu Karrierezielen Diskutieren Sie mit den Auszubildenden, wie die Erfahrungen aus den CSR-Projekten zu ihren persönlichen und beruflichen Zielen beitragen können. Dies hilft, die Relevanz des Engagements für ihre eigene Entwicklung zu verdeutlichen.

> Nutzen Sie aktiv die Chance, Projekte der Kammern wie der Industrie- und Handelskammer (IHK), wie zum Beispiel das Energiescouts-Programm sowie Wettbewerbe in Ihr Onboarding-Programm zu integrieren.

3.3.6.2 Engagement in der Unternehmenskommunikation

Das Engagement in der Unternehmenskommunikation während des Preboardings und Onboardings bietet neuen Auszubildenden die Möglichkeit, aktiv an der internen und externen Kommunikation des Unternehmens teilzunehmen. Diese Methode zielt darauf ab, den Auszubildenden ein tieferes Verständnis für die Kommunikationsstrategien, -kanäle und -inhalte des Unternehmens zu vermitteln.

Zuordnung

- Preboarding
- Onboarding

Schlüsseldimensionen

- Bindung und Zugehörigkeitsgefühl
- Vernetzung und Kommunikation

Tipps zur Umsetzung
Durch die Beteiligung an der Erstellung von Inhalten, der Teilnahme an Social-Media-Kampagnen oder der Mitwirkung an internen Newslettern können die Auszubildenden ihre kommunikativen sowie medialen Fähigkeiten ausbauen.

Einführung in die Unternehmenskommunikation Beginnen Sie oder die verantwortlichen Kollegen mit einer umfassenden Einführung in die Kommunikationsstrategien und -kanäle Ihres Unternehmens. Stellen Sie sicher, dass die Auszubildenden die Ziele und den Zweck der Kommunikationsformate verstehen.

Praktische Beteiligung Bieten Sie den Auszubildenden konkrete Aufgaben und Projekte in der Unternehmenskommunikation an. Dies könnte die Mitgestaltung eines Beitrags für den Unternehmensblog, die Teilnahme an einer Social-Media-Kampagne oder die Unterstützung bei der Erstellung des internen Newsletters umfassen.

Mentoring und Unterstützung Weisen Sie jedem Auszubildenden einen Mentor (siehe Abschn. 3.3.3.5) aus dem Kommunikationsteam zu, der als Ansprechpartner dient, Feedback gibt und die Entwicklung unterstützt.

Anerkennung und Sichtbarkeit Stellen Sie sicher, dass die Beiträge der Auszubildenden in der Unternehmenskommunikation anerkannt und sichtbar gemacht werden. Dies kann durch die Nennung ihrer Namen bei Veröffentlichungen oder die Präsentation ihrer Arbeit in internen Meetings erfolgen.

Verbindung zu Unternehmenswerten Nutzen Sie die Beteiligung an der Unternehmenskommunikation, um die Verbindung zu den Werten und der Kultur des Unternehmens zu stärken. Diskutieren Sie, wie die kommunikativen Beiträge der Auszubildenden die Unternehmensziele unterstützen und das Bild des Unternehmens nach außen tragen.

> Setzen Sie auf Freiwilligkeit, um das Engagement der Auszubildenden in der Unternehmenskommunikation zu fördern. Indem Sie die Teilnahme nicht als Pflicht, sondern als Chance zur aktiven Mitgestaltung anbieten, steigern Sie nicht nur die intrinsische Motivation der Auszubildenden, sondern fördern auch ein authentisches Interesse und eine tiefergehende Auseinandersetzung mit den Kommunikationszielen und -strategien Ihres Unternehmens.

3.3.7 Feedback und Bewertung

3.3.7.1 Entwicklungsorientierte Feedback-Gespräche

Entwicklungsorientierte Feedback-Gespräche im Rahmen des Onboardings sind gezielte Unterhaltungen zwischen neuen Auszubildenden und ihren Vorgesetzten oder Ihnen als Ausbildungsverantwortliche, die darauf abzielen, die persönliche und berufliche Entwicklung der Auszubildenden zu fördern.

Zuordnung

- Onboarding

Schlüsseldimensionen

- Bindung und Zugehörigkeitsgefühl
- Kompetenzentwicklung und Selbstwirksamkeit
- Motivation und Engagement
- Persönliche Entwicklung und Karriereplanung
- Vernetzung und Kommunikation
- Werte- und Kulturintegration

Tipps zur Umsetzung
Im Zentrum der Gespräche liegt der stärkenorientierte Ansatz, der die individuellen Stärken, Entwicklungschancen und Karriereambitionen der Auszubildenden hervorhebt sowie die notwendige Unterstützung, die sie zur Verwirklichung ihrer Ziele benötigen, identifiziert. Dieser Ansatz unterscheidet sich wesentlich von traditionellen Bewertungsmethoden, indem er nicht primär auf Leistungsbeurteilung abzielt, sondern auf die Förderung der individuellen Potenziale und das zukünftige Wachstum der Auszubildenden fokussiert.

Vorbereitung ist der Schlüssel Sowohl Sie als auch die Auszubildenden sollten sich gründlich auf das Gespräch vorbereiten. Die Auszubildenden könnten beispielsweise aufgefordert werden, im Voraus über ihre Ziele, erreichten Fortschritte und Herausforderungen nachzudenken.

Offene und ehrliche Kommunikation Schaffen Sie eine vertrauensvolle Atmosphäre, in der offen und ehrlich gesprochen werden kann. Es ist wichtig, dass sich die Auszubildenden wohlfühlen, ihre Gedanken und Gefühle ausdrücken ohne Angst vor negativen Konsequenzen.

Zielorientierte Diskussion Konzentrieren Sie sich auf die Zukunft und darauf, wie die Auszubildenden ihre Ziele erreichen können. Diskutieren Sie konkrete Schritte, die unternommen werden können, um die Entwicklung zu fördern, und bieten Sie die notwendige Unterstützung an.

Regelmäßigkeit: Entwicklungsorientierte Feedback-Gespräche sollten regelmäßig und nicht nur als Reaktion auf Probleme durchgeführt werden. Eine kontinuierliche Kommunikation unterstützt den Entwicklungsprozess effektiv.

Konstruktives Feedback Stellen Sie sicher, dass das Feedback konstruktiv und auf die Förderung der Entwicklung ausgerichtet ist. Ermutigen Sie die Auszubildenden, sowohl ihre Erfolge zu feiern, als auch aus Fehlern zu lernen.

Dokumentation und Follow-up Halten Sie die besprochenen Ziele und vereinbarten Maßnahmen schriftlich fest. Planen Sie Follow-up-Termine, um den Fortschritt zu überprüfen und die Auszubildenden bei ihrer Entwicklung kontinuierlich zu unterstützen.

Nutzen Sie nachfolgenden Leitfaden für Ihr Gespräch:
Teil 1: Reflektion und Anerkennung

Stärken identifizieren

- Was sind Ihrer Meinung nach Ihre größten Stärken in der bisherigen Ausbildung?
- Können Sie ein konkretes Beispiel nennen, bei dem eine Ihrer Stärken besonders zum Tragen kam?

Erfolge feiern

- Welcher Praxiseinsatz oder welche Aufgabe hat Ihnen bis jetzt am meisten Spaß gemacht und warum?
- Welche Erfolge haben Sie bereits in Ihrer Ausbildung erreicht, auf die Sie stolz sind?

Teil 2: Entwicklung und Wachstum

Entwicklungspotenziale
- Gibt es Fähigkeiten oder Wissensbereiche, in denen Sie sich weiterentwickeln möchten?
- Wie können wir Ihre Stärken noch besser fördern?

Zielsetzung
- Welche kurz- und langfristigen Ziele haben Sie für Ihre Ausbildung und Ihre berufliche Entwicklung?

Teil 3: Unterstützungsbedarf

Unterstützung und Ressourcen
- Welche Unterstützung oder Ressourcen benötigen Sie, um Ihre Ziele zu erreichen oder sich in bestimmten Bereichen weiterzuentwickeln?
- Gibt es spezifische Praxiseinsätze oder Aufgaben, bei denen Sie mehr Einblick oder Erfahrung sammeln möchten?

Teil 4: Nächste Schritte und Abschluss

Aktionsplan erstellen
- Basierend auf unserem Gespräch, welche konkreten Schritte könnten wir als Nächstes unternehmen?
- Wie sehen die nächsten Schritte in Bezug auf Ihre Ausbildung und Entwicklung aus?

Feedback zum Gespräch
- Wie haben Sie das heutige Gespräch empfunden?
- Gibt es Aspekte des Gesprächs, die Sie besonders nützlich fanden, oder Bereiche, die verbessert werden könnten?

> **Abschluss**
> - Zusammenfassung der besprochenen Punkte und des vereinbarten Aktionsplans.
> - Dank für das offene Gespräch und Bestärkung der fortlaufenden Unterstützung.
> - Vereinbarung eines Folgetermins zur Überprüfung der Fortschritte.

3.3.7.2 Peer-Feedback-Gespräche

Peer-Feedback-Gespräche sind gezielte Kommunikationsformate, in denen neue Auszubildende sowohl Rückmeldungen von ihren Auszubildenden auf gleicher Ebene erhalten, als auch an diese richten.

Zuordnung

- Onboarding

Schlüsseldimensionen

- Bindung und Zugehörigkeitsgefühl
- Kompetenzentwicklung und Selbstwirksamkeit
- Motivation und Engagement
- Persönliche Entwicklung und Karriereplanung
- Vernetzung und Kommunikation
- Werte- und Kulturintegration

Tipps zur Umsetzung

Peer-Feedback-Gespräche sind strukturierte Austauschformate, bei denen Auszubildende Feedback von ihren gleichgestellten Auszubildenden – den sogenannten Peers – erhalten und an diese geben. Diese Art der Feedback-Gespräche fördert eine offene Kommunikationskultur und unterstützt die Auszubildenden dabei, ein umfassendes Verständnis für Feedbackmechanismen sowie ihre Wirkung auf die Arbeitsumgebung zu entwickeln. Durch den Austausch mit Gleichgestellten können neue Perspektiven gewonnen und wertvolle Einsichten in die eigene Arbeitsweise erlangt werden. Peer-Feedback-Gespräche sind aufgrund ihrer hierarchielosen Art ein authentisches Medium.

Schulung in Feedback-Techniken Bereiten Sie die Auszubildenden auf die Feedback-Gespräche vor, indem Sie sie in effektiven Feedback-Techniken schulen. Dazu gehören das Geben und Empfangen von konstruktivem Feedback sowie das Festlegen von Zielen für die persönliche und berufliche Entwicklung.

Strukturierter Rahmen Geben Sie einen klaren Rahmen vor, in dem die Peer-Feedback-Gespräche stattfinden sollen. Bestimmen Sie Häufigkeit, Dauer und Format der Gespräche, um eine kontinuierliche und effektive Durchführung zu gewährleisten.

Positive Atmosphäre schaffen Fördern Sie eine positive und unterstützende Atmosphäre, in der sich die Auszubildenden ermutigt fühlen, offen und ehrlich miteinander zu kommunizieren. Betonen Sie die Bedeutung von Respekt und Wertschätzung in den Gesprächen.

Diversität in den Feedback-Gruppen Stellen Sie sicher, dass die Auszubildenden die Möglichkeit haben, mit unterschiedlichen Peers zusammenzuarbeiten. Dies fördert die Vielfalt der Perspektiven und die umfassende Integration in das Team.

Reflexion und Weiterentwicklung Ermutigen Sie die Auszubildenden, das erhaltene Feedback zu reflektieren und konkrete Schritte zur Weiterentwicklung abzuleiten. Die Reflexion sollte Teil eines kontinuierlichen Lernprozesses sein.

3.3.7.3 Peer-Review-Systeme

Im Gegensatz zu Peer-Feedback-Gesprächen (siehe Abschn. 3.3.7.2) sind Peer-Review-Systeme regelmäßige Selbstbewertungstools. Ihre Auszubildenden können ihren eigenen Fortschritt und ihre Entwicklung selbstständig überwachen und reflektieren.

Zuordnung

- Onboarding

Schlüsseldimensionen

- Bindung und Zugehörigkeitsgefühl
- Kompetenzentwicklung und Selbstwirksamkeit
- Motivation und Engagement
- Persönliche Entwicklung und Karriereplanung

Tipps zur Umsetzung
Peer-Review-Systeme werden systemisch unterstützt und sind darauf ausgerichtet, den Auszubildenden eine Struktur zu bieten, mit deren Hilfe sie ihre erworbenen Fähigkeiten, Wissensbereiche und auch Bereiche, in denen sie weitere Unterstützung benötigen, identifizieren können. Durch den Einsatz von Selbstbewertungstools werden Auszubildende in einer geschützten Umgebung ermutigt, Verantwortung für ihre eigene Lern- und Entwicklungsreise zu übernehmen und Ziele für ihre weitere berufliche und persönliche Entwicklung zu setzen.

Einführung in Selbstbewertungstools Bieten Sie den Auszubildenden zu Beginn ihres Onboardings eine Schulung an, in der sie lernen, wie sie die Selbstbewertungstools effektiv nutzen können. Erklären Sie den Zweck und die Vorteile der regelmäßigen Selbstreflexion.

Entwicklung von Bewertungskriterien Entwickeln Sie zusammen mit den Auszubildenden klare Kriterien und Indikatoren für die Selbstbewertung, die auf ihre spezifische Ausbildungssituation und den damit verbundenen Lernzielen korreliert.

Regelmäßige Durchführung Legen Sie ein regelmäßiges Intervall für die Selbstbewertung fest, beispielsweise monatlich oder am Ende jedes Ausbildungsabschnitts. Eine konstante Routine hilft dabei, den Fortschritt sichtbar zu machen.

Integration von Feedback-Schleifen Kombinieren Sie die Selbstbewertung mit Feedback-Angeboten durch andere Auszubildende (siehe Abschn. 3.3.3.4 und 3.3.7.2), Ausbildungsverantwortlichen (siehe Abschn. 3.3.7.1) oder Mentoren (siehe Abschn. 3.3.3.5), um eine umfassende Perspektive auf die Entwicklung zu erhalten. Dies ermöglicht eine tiefere Reflexion.

Zielsetzung und Aktionspläne Nutzen Sie die Ergebnisse der Selbstbewertung, um individuelle Lernziele und Aktionspläne zu erstellen.

Förderung der Eigenverantwortung Ermutigen Sie die Auszubildenden, die Initiative zu ergreifen und aktiv nach Ressourcen, Unterstützung oder zusätzlichen Lernmöglichkeiten zu suchen, die sie bei ihrer Entwicklung unterstützen.

3.3.7.4 Umfragen zur Boarding-Erfahrung

Im Unterschied zu Peer-Feedback (siehe Abschn. 3.3.7.2) und Peer-Review (siehe Abschn. 3.3.7.3), wo der Austausch direkt zwischen den Auszubildenden oder als Selbstbewertung stattfindet, bieten Umfragen Ihren Auszubildenden eine Möglichkeit, anonyme und offene Rückmeldungen zur Verbesserung des Pre- und Onboarding-Prozesses zu geben.

Zuordnung

- Preboarding
- Onboarding

Schlüsseldimensionen

- Kompetenzentwicklung und Selbstwirksamkeit
- Motivation und Engagement
- Persönliche Entwicklung und Karriereplanung

Tipps zur Umsetzung

Strategische Planung der Umfragezeitpunkte Legen Sie wichtige Zeitpunkte für die Durchführung der Umfragen fest, beispielsweise kurz vor Beginn des Preboardings, nach den ersten Tagen im Unternehmen und am Ende der Onboarding-Phase. Dies ermöglicht es, Feedback zu verschiedenen Stadien der Einarbeitung zu erhalten und anhand der Ergebnisse Handlungen abzuleiten.

Entwicklung eines umfassenden Fragebogens Gestalten Sie Fragen, die ein breites Spektrum von Themen abdecken, einschließlich der Qualität der bereitgestellten Informationen vor Arbeitsantritt, der Einführung in das Team und der ersten Aufgaben sowie der Zugänglichkeit von Ressourcen und Unterstützung.

Sicherstellung von Anonymität und Vertrauen Um authentisches und offenes Feedback zu gewährleisten, ist es wichtig, die Anonymität der Teilnehmenden zu garantieren. Kommunizieren Sie klar, dass die Ergebnisse ausschließlich zur Verbesserung des Pre- und Onboarding-Prozesses verwendet werden.

Nutzung benutzerfreundlicher Tools Wählen Sie für die Durchführung der Umfragen eine intuitive und leicht zugängliche Online-Plattform (siehe Abschn. 3.3.1.4). Eine klare und einfache Gestaltung fördert die Teilnahmebereitschaft.

Analyse und Umsetzung von Feedback Werten Sie die gesammelten Daten sorgfältig aus und identifizieren Sie Handlungsfelder. Entwickeln Sie auf Basis des Feedbacks Maßnahmen, um das Onboarding-Erlebnis kontinuierlich zu verbessern.

Kommunikation von Ergebnissen und Maßnahmen Informieren Sie die Auszubildenden und das Unternehmen über die gewonnenen Erkenntnisse und die geplanten Verbesserungsmaßnahmen. Dies zeigt den neuen Auszubildenden, dass ihr Feedback geschätzt wird und trägt zur Transparenz bei.

> **Fragen, die Sie einbauen können, sind**
> - Wie bewerten Sie die Klarheit und Nützlichkeit der Informationen, die Sie vor Ihrem ersten Arbeitstag erhalten haben?
> - Fühlten Sie sich am ersten Tag in unserem Unternehmen willkommen und gut aufgenommen?
> - Wie zufrieden sind Sie mit der Einführung in Ihren Praxiseinsatz und die ersten Aufgaben, die Ihnen übertragen wurden?
> - Wie bewerten Sie die Zugänglichkeit und Qualität der Ressourcen und Unterstützung, die Ihnen zur Verfügung gestellt wurden?
> - Inwiefern haben die Onboarding-Aktivitäten dazu beigetragen, Ihr Verständnis für die Unternehmenskultur und -werte zu verbessern?
> - Wie effektiv fanden Sie die Kommunikationskanäle und -werkzeuge während Ihres Onboardings?
> - Gab es Bereiche oder Aspekte des Onboarding-Prozesses, die Ihrer Meinung nach verbessert werden könnten?
> - Wie sicher fühlen Sie sich in Ihrer neuen Ausbildung und den damit verbundenen Aufgaben?
> - Welche zusätzlichen Ressourcen oder Unterstützungsangebote würden Ihnen helfen, sich schneller und effektiver einzuarbeiten?
> - Haben Sie Vorschläge, wie das Pre- und Onboarding-Erlebnis für zukünftige Auszubildende noch weiter verbessert werden könnte?

3.4 Umsetzung

In diesem Abschnitt des Buchs werden wir konkrete Umsetzungsübersichten vorstellen, die als Rahmen und Gedankenstütze dienen sollen. Ziel ist es, durch diese strukturierte Herangehensweise einen ganzheitlichen Rahmen zu schaffen. Um den Einstieg und die Entwicklung strukturiert und kohärent zu gestalten, können zum Beispiel die nachfolgenden Checklisten ein unterstützendes Mittel sein. Sie dienen nicht nur dazu sicherzustellen, dass wichtige Schritte im Pre- und Onboarding-Prozess berücksichtigt und umgesetzt werden, sondern auch als Orientierungshilfe für Ausbildungsverantwortliche selbst.

3.4.1 Übersicht und Zuordnung

Methode	Pre-boarding	On-boarding	Bindung und Zugehörigkeitsgefühl	Kompetenzentwicklung und Selbstwirksamkeit	Motivation und Engagement	Persönliche Entwicklung und Karriereplanung	Vernetzung und Kommunikation	Werte- und Kulturintegration	Wissensvermittlung und Orientierung
Klärung und Information									
Azubi-Blog	x	x	x	x	x		x		x
Azubi-Fibel	x	x						x	x
Einführungsveranstaltungen		x	x	x	x	x		x	
Informationspakete	x		x						x
Interaktive Module	x	x		x					x
Online-Portale	x	x	x				x	x	x
Podcasts	x	x	x		x		x	x	x
Ted-Style-Talks		x			x		x	x	x
Kultur und Willkommen									
Carepakete	x		x				x	x	
Lunch-Roulette und Lunch-Match		x	x				x		x

Methode	Pre-boarding	On-boarding	Bindung und Zugehörigkeitsgefühl	Kompetenzentwicklung und Selbstwirksamkeit	Motivation und Engagement	Persönliche Entwicklung und Karriereplanung	Vernetzung und Kommunikation	Werte- und Kulturintegration	Wissensvermittlung und Orientierung
Klärung und Information									
Azubi-Blog	x	x	x	x	x		x	x	x
Persönliche Nachrichten	x	x	x						
Trivia-Abende und Happy Hours		x	x				x		
Unternehmensvideos	x	x	x				x	x	x
Virtuelle Kaffeepause		x	x		x		x		
Welcome-Brunch und Happy Hours		x	x		x		x		
Netzwerk und Anleitung									
Buddy- und Kumpel-System	x	x	x	x	x		x	x	x
Interaktive Q&A-Sessions	x	x		x			x	x	x

3 Praktische Integration

Methode	Pre-boarding	On-boarding	Bindung und Zugehörigkeitsgefühl	Kompetenzentwicklung und Selbstwirksamkeit	Motivation und Engagement	Persönliche Entwicklung und Karriereplanung	Vernetzung und Kommunikation	Werte- und Kulturintegration	Wissensvermittlung und Orientierung
Klärung und Information									
Azubi-Blog	x	x	x	x					x
Jour-Fixe		x	x			x		x	x
Mentor- und Paten-System		x	x			x	x	x	x
Online-Einführungsgespräche	x	x	x		x		x	x	x
Schnitzeljagd und House Rallye		x	x		x		x	x	
Vernetzung mit dem Team	x	x	x		x		x	x	x
Walk-and-Talk		x	x			x		x	x
Autonomie und Verwirklichung		x	x	x		x			
Eigenverantwortliche Projektarbeit		x	x	x	x		x		x
Innovationswettbewerbe		x	x	x	x				x

Methode	Pre-boarding	On-boarding	Bindung und Zugehörigkeitsgefühl	Kompetenzentwicklung und Selbstwirksamkeit	Motivation und Engagement	Persönliche Entwicklung und Karriereplanung	Vernetzung und Kommunikation	Werte- und Kulturintegration	Wissensvermittlung und Orientierung
Klärung und Information									
Azubi-Blog	x	x	x	x	x		x	x	x
Meisterschaft und Entwicklung									
Cross-Training-Sessions		x	x	x	x		x	x	x
Gamifizierte Orientierung	x	x	x	x	x				
Hospitation		x	x	x	x		x	x	x
Zielsetzungs- und Review-Meetings		x	x	x	x	x	x	x	
Zweck und Orientierung									
CSR-Projektbeteiligung		x	x				x	x	
Engagement in der Unternehmenskommunikation	x	x	x				x		x

Methode	Pre-boarding	On-boarding	Bindung und Zugehörigkeitsgefühl	Kompetenzentwicklung und Selbstwirksamkeit	Motivation und Engagement	Persönliche Entwicklung und Karriereplanung	Vernetzung und Kommunikation	Werte- und Kulturintegration	Wissensvermittlung und Orientierung
Klärung und Information									
Azubi-Blog	x	x	x	x	x		x	x	x
Feedback und Bewertung									
Entwicklungsorientierte Feedback-Gespräche		x	x	x	x	x	x	x	
Peer-Feedback-Gespräche		x	x	x	x	x	x	x	
Peer-Review-Systeme		x	x	x	x	x			
Umfragen zur Boarding-Erfahrung	x	x	x	x	x	x			

3.4.2 Checkliste für das Preboarding

Willkommenskommunikation und Erstinformation

1–2 Monate vor Ausbildungsbeginn
☑ **Willkommens-E-Mail/-Karte** (Persönliche Nachrichten zu besonderen Anlässen) Senden Sie eine persönliche E-Mail oder eine handgeschriebene Karte vor dem Ausbildungsstart des Ausbildungsverantwortlichen oder der HR-Abteilung. ☑ **Einführungsvideo/Willkommens-Paket** (Informationspakete, Carepakete) Erstellen und senden Sie ein Einführungsvideo oder ein Willkommenspaket, das dem Auszubildenden die Unternehmensgeschichte, -kultur und -werte näherbringt, zusätzlich mit Informationen über wichtige Ansprechpartner.

Organisatorische Vorbereitung

2–3 Wochen vor Ausbildungsbeginn
☑ **Administrative Details klären** (E-Mail, Informationspakete, Online-Portale) Stellen Sie sicher, dass alle administrativen Details wie Arbeitszeiten, Standortinformationen und was am ersten Tag mitzubringen ist, geklärt sind. ☑ **Virtuelle Bürotour** (Online-Portale, Unternehmensvideos) Führen Sie eine virtuelle Tour durch das Büro durch, um den Auszubildenden das Arbeitsumfeld vorzustellen. ☑ **Teamvorstellung** (Azubi-Blog, Online-Portale, Unternehmensvideos) Organisieren Sie eine digitale Vorstellung des Teams, um den Auszubildenden ein Gefühl der Zugehörigkeit zu vermitteln.

Einführung in das Team und soziale Integration

1–2 Wochen vor Ausbildungsbeginn
☑ **Team-Handbuch bereitstellen** (Azubi-Fibel, E-Mail, Online-Portale) Stellen Sie ein digitales Handbuch mit Informationen und Kontaktdaten der Teammitglieder zur Verfügung. ☑ **Vorstellungsgespräche mit Teammitgliedern** (Online-Einführungsgespräche, Virtuelle Kaffeepausen) Planen Sie kurze, informelle Online-Meetings zwischen den Auszubildenden und einzelnen Teammitgliedern.

1–2 Wochen vor Ausbildungsbeginn

☑ **Buddy zuweisen/bekannt machen** (Buddy- und Kumpel-System)
Ordnen Sie jedem Auszubildenden einen Buddy zu, der sie durch die ersten Wochen begleitet und bei der sozialen Integration unterstützt.

Zugang zu Ressourcen und Lernmaterialien

1 Woche vor Ausbildungsbeginn

☑ **Digitale Arbeitsmittel bereitstellen** (Informationspakete, Online-Portale)
Stellen Sie sicher, dass der Auszubildende von Beginn an Zugriff auf alle benötigten digitalen Arbeitsmittel hat.

☑ **Lernressourcen zur Verfügung stellen** (Online-Portale, Podcasts)
Geben Sie den Auszubildenden Zugang zu speziell angepassten Lernressourcen, um sich auf den Ausbildungsstart vorzubereiten.

3.4.3 Checkliste für das Onboarding

Erster Arbeitstag und Einführung in die Arbeitsumgebung

Am ersten Arbeitstag

☑ **Persönlicher Empfang und Unternehmensrundgang** (Einführungsveranstaltung)
Organisieren Sie eine persönliche Begrüßung durch den Ausbildungsverantwortlichen oder Mentor und führen Sie einen Unternehmensrundgang durch, um den Auszubildenden die Räumlichkeiten und wichtige Anlaufstellen zu zeigen.

☑ **Rundgang durch das Büro und Vorstellung im Team** (Einführungsveranstaltung, Buddy- und Kumpel-System, Mentor- und Paten-System)
Führen Sie die Auszubildenden durch das Büro und stellen Sie sie persönlich im Team vor. Dies hilft dabei, erste Kontakte zu knüpfen und ein Gefühl der Zugehörigkeit zu entwickeln.

☑ **Arbeitsplatz und technische Einführung** (Einführungsveranstaltung)
Bereiten Sie den Arbeitsplatz vor und führen Sie die Auszubildenden in die genutzte Technik und Software ein, um sie optimal auf ihre Aufgaben vorzubereiten.

Am ersten Arbeitstag
☑ **Vorstellung der Unternehmenskultur** (Einführungsveranstaltung, Welcome-Brunch und -Lunch) Verwenden Sie Präsentationen und Diskussionen, um die Unternehmenskultur, Mission und Werte zu vermitteln und deren Bedeutung im Arbeitsalltag zu verdeutlichen.

Arbeitsabläufe und Erwartungen

In der ersten Woche
☑ **Klärung von Arbeitsaufgaben und Zielen** (Jour-Fixe, Zielsetzungs- und Review-Meetings) Definieren und kommunizieren Sie klar die Aufgaben, Ziele und Erwartungen, und führen Sie regelmäßige Meetings zur Überprüfung und Anpassung dieser Ziele durch.
☑ **Einführung in die Team- und Unternehmensprozesse** (Hospitation, Cross-Training-Sessions) Geben Sie einen Überblick über wichtige Team- und Unternehmensprozesse und involvieren Sie die Auszubildenden in die reguläre Unternehmenskommunikation.
☑ **Sicherheitseinweisung durchführen** (Einführungsveranstaltung, Cross-Training-Sessions) Führen Sie eine Sicherheitseinweisung durch, um den Auszubildenden wichtige Sicherheitsvorschriften zu vermitteln.

Einarbeitungs- und Entwicklungsplan

Im ersten Monat
☑ **Vorstellung des Entwicklungsplans** (Einführungsveranstaltungen) Erarbeiten Sie einen strukturierten Plan für die ersten Wochen und Monate, inklusive festgelegter Lernziele und Projekte zur beruflichen Entwicklung der Auszubildenden.
☑ **Festlegung regelmäßiger Feedbackgespräche und Leistungsüberprüfungen** (Jour-Fixe, Walk-and-Talk, Zielsetzungs- und Review-Meetings) Planen Sie regelmäßige Gespräche zur Besprechung von Fortschritten und zur Gewährleistung kontinuierlichen Feedbacks.

Soziale Eingliederung und Teambuilding

In den ersten 3 Monaten
☑ Organisation von Teamevents (Vernetzung mit dem Team) Planen Sie informelle Treffen und Veranstaltungen, um den sozialen Zusammenhalt zu fördern und die Integration in das Team zu unterstützen.
☑ Zuordnung eines Mentors oder Paten (Mentor- und Paten-System) Ordnen Sie jedem Auszubildenden einen Mentor oder Paten zu, der als persönlicher Ansprechpartner und Unterstützer während der Einarbeitungsphase dient.

Feedback und Erwartungsmanagement

Während des gesamten Onboardings
☑ Feedback-Kanäle etablieren (Interaktive Q&A-Sessions, Jour-Fixe, Peer-Feedback-Gespräche) Richten Sie dedizierte Kanäle ein, über die Auszubildende jederzeit Fragen stellen und Feedback geben können.
☑ Erwartungsgespräch führen (Jour-Fixe, Walk-and-Talks) Planen Sie ein Gespräch, in dem die gegenseitigen Erwartungen geklärt werden, um eine klare Kommunikation und Zielsetzung von Anfang an sicherzustellen.

4

Abschluss

In einer sich ständig wandelnden Welt, in der auch zukünftig demografischer Wandel, technologischer Fortschritt und globale Herausforderungen präsent sein werden, wird klar, dass gut gestaltete Preboarding- und Onboarding-Prozesse weit mehr als bloße Routineaufgaben sind. Sie sind fundamentale Pfeiler einer adaptiven Unternehmenskultur, die auf einem humanzentrierten Ansatz beruht.

Indem wir neue Auszubildende nicht nur in unsere Organisationen einführen, sondern sie auch auf eine Zukunft vorbereiten, in der sie ihr volles Potenzial entfalten können, schaffen wir eine Beziehung, die über das bloße Vermitteln von Unternehmenswerten hinausgeht. Diese Beziehungen, die wir aufbauen, dienen nicht nur dem Unternehmen, sondern legen auch den Grundstein für die Karriere des Einzelnen. Unsere Fähigkeit, wettbewerbsfähig zu bleiben, hängt maßgeblich davon ab, wie effektiv wir junge Talente anziehen, nachhaltig entwickeln und langfristig an uns binden.

Pre- und Onboarding-Aktivitäten sind im Ausbildungskontext unverzichtbar, um starke zwischenmenschliche Beziehungen aufzubauen. Sie schaffen ein Vertrauensverhältnis, das durch nonverbale Kommunikation, persönliche Erfahrungen und gemeinsame Erlebnisse verstärkt wird. Die Ausgestaltung dieser Phasen stellt eine aufregende Herausforderung dar, die maßgeblich von der Innovationskraft und dem Engagement der Ausbildungsverantwortlichen abhängt.

Es liegt an uns, die Zeichen der Zeit zu erkennen und entsprechend zu handeln. Wenn wir es schaffen, zukunftsweisende und ganzheitliche Einführungsprogramme zu implementieren, legen wir nicht nur den Grundstein für die erfolgreiche Entwicklung unserer Auszubildenden, sondern formen auch die Architekten einer modernen Arbeitswelt von morgen.

Auf diesem Weg wünsche ich Ihnen und Euch viel Erfolg!

MIX
Papier aus verantwortungsvollen Quellen
Paper from responsible sources
FSC® C105338

If you have any concerns about our products,
you can contact us on
ProductSafety@springernature.com

In case Publisher is established outside the EU,
the EU authorized representative is:
**Springer Nature Customer Service Center GmbH
Europaplatz 3, 69115 Heidelberg, Germany**

Printed by Libri Plureos GmbH
in Hamburg, Germany